GLUTEN-FREI DIÄT

Schnelle und unkomplizierte Rezepte für vielbeschäftigte Menschen mit glutenfreier Ernährung

Alex Franz

Alle Rechte vorbehalten.

Haftungsausschluss

Die Informationen , die ich soll als umfassende Sammlung von Strategien dienen , dass der Autor dieses eBook Forschung über getan hat. Zusammenfassungen, Strategien, Tipps und Tricks sind nur Empfehlungen des Autors. Das Lesen dieses eBooks garantiert nicht, dass die Ergebnisse genau den Ergebnissen des Autors entsprechen. Der Autor des eBooks hat alle zumutbaren Anstrengungen unternommen, um den Lesern des eBooks aktuelle und genaue Informationen zur Verfügung zu stellen. Der Autor und es istMitarbeiter haften nicht für unbeabsichtigte Fehler oder Auslassungen. Das Material im eBook kann Informationen von Dritten enthalten. Materialien von Drittanbietern bestehen aus Meinungen, die von ihren Eigentümern geäußert wurden. Daher übernimmt der Autor des eBooks keine Verantwortung oder Haftung für Material oder Meinungen Dritter. Ob aufgrund des Fortschreitens des Internets oder der unvorhergesehenen Änderungen der Unternehmensrichtlinien und der Richtlinien für die redaktionelle Einreichung, was zum Zeitpunkt dieses Schreibens als Tatsache angegeben wird, kann später veraltet oder nicht mehr anwendbar sein.

INHALTSVERZEICHNIS

EINFÜHRUNG

Gurken- Radieschen- Salat mit Feta

Vegan Tomate Verbreitung

Karottencremesuppe mit Nusscroutons

Apfelkompott

Pilzsalat mit Knoblauch, Zucchini und Feta

Gedämpftes Fischfilet auf Gemüsebett

Gegrillter Fenchel

Mexiko Schüssel mit Reis, Mais, Bohnen und Guacamole

Quinoa-Quark-Auflauf mit Obstsalat

Gemischte Blattsalate mit Avocado und rasiertem Pecorino

Avocado und Min Eis mit Schokolade

Süßkartoffel und Rettich Pfanne mit Granatapfelkernen

Keto-Gemüsecurry mit Blumenkohlreis

Süße Kartoffel Toast mit Hummus und Rote Bete

Mit verschiedenem Gemüse schmoren

Sommer Obstsalat

Käseomelett mit Kräutern

Hirse Taboulé mit Joghurtcreme

Garnelensalat mit Melonenschnitzen

Käse- Lauch-Suppe mit Tofuwürfeln

Zucchinisuppe mit Pfifferlingen und Kartoffeln

Hühnchen- Zucchini- Salat mit Nüssen

Gefülltes Omelett

Buchweizenpfannkuchen mit Blaubeeren

Gegrillte Kartoffeln und Speck - Spieße

Gegrillte Zucchiniblüten mit Pecorino

Kartoffelpüree mit Spitzkohl und Meerrettich

Keto-Schüssel mit Konjak- Nudeln und Erdnusssauce

Keto- Lasagne

EINFÜHRUNG
GLUTENFREIE DIÄT

Gluten ist eine Art von adhäsivem Protein, das in den meisten Getreidesorten vorkommt. Der Glutengehalt in Weizen ist besonders hoch. Weizen wird seit Jahrhunderten so angebaut, dass zum einen der Ertrag und zum anderen der Glutengehalt besonders hoch ist.

Weil Gluten die magische Zutat in der Lebensmittelindustrie ist. Es wird als Stabilisator, Verdickungsmittel, Geliermittel, Aromaträger, Aromastoff und Farbstoff verwendet. Insbesondere sorgt Gluten dafür, dass Brot und Brötchen leicht zu schneiden sind und nicht auseinanderfallen.

Daher wird Gluten in fast jedem industriell hergestellten Lebensmittelprodukt verwendet. Und nicht nur das: Gluten ist sogar in Medikamenten, Zahnpasta und Kosmetikprodukten enthalten. Infolgedessen ist es zunächst nicht so einfach, Gluten vollständig zu vermeiden.

Glutenfreie Diät als Lösung

Eine streng glutenfreie Ernährung ist derzeit die einzige Therapie, die Menschen mit Zöliakie eine optimale Gesundheit garantiert. Die Lösung für Zöliakie besteht darin, alle Lebensmittel, die aus glutenhaltigen Körnern hergestellt werden oder Gluten enthalten, dauerhaft zu meiden. Selbst kleinste Spuren von Gluten können histologische Schäden verursachen. Daher ist besondere Vorsicht geboten. Menschen mit Zöliakie müssen daher besonders auf die Auswahl ihrer Lebensmittel achten.

GLUTEN-INTOLERANZ ODER NICHT-CELIAC-GLUTEN-EMPFINDLICHKEIT

Weniger gesundheitsschädlich, aber für die Betroffenen dennoch unangenehm, ist die nicht zöliakische Glutenempfindlichkeit, dh die Glutenunverträglichkeit, die sich nicht als Autoimmunerkrankung, sondern in erster Linie als Allergie ausdrückt. Es verursacht ähnliche Symptome wie Zöliakie, hat jedoch weniger drastische Auswirkungen auf die Gesundheit der Betroffenen. Dafür gibt es weniger eindeutige Zahlen, da die Empfindlichkeit gegenüber nicht-zöliakischem Gluten schwer nachzuweisen ist.

Letztendlich gilt jedoch Folgendes: Für Menschen mit Zöliakie gibt es keine Alternative zu einer glutenfreien Ernährung und für Menschen mit Glutenunverträglichkeit ist dies der Weg zu einem besseren Wohlbefinden

Das Folgende ist eine Liste der Lebensmittel, die Gluten enthalten oder enthalten können:

Glutenhaltige Lebensmittel:

- Körner wie Weizen, Roggen, Gerste, Hafer, Dinkel, Gründinkel, Einkorn, Emmer, Kamut und daraus hergestellte Produkte
- Mehl, Grieß, Perlgerste, Stärke, Müsliflocken, Müsli
- Pasta, Nudeln, Brot, Brötchen, Baguette, Fladenbrot
- Gnocchi, Knödel, Knödel
- Semmelbrösel und panierte Produkte wie B. paniertes Fleisch, panierter Fisch, panierter Käse
- Hackbraten, Fleischbällchen und andere Hackfleischprodukte
- Seitan und Produkte, die Seitan enthalten
- Pizza
- Viele Fertiggerichte
- Kuchen, Torten, Blätterteigstücke, Hefegebäck

- Kekse, Müsliriegel
- Eistüten
- Brezelstangen, Snacks
- Bier und Malzbier

Die nächste Liste sollte diejenigen Produkte enthalten, die möglicherweise Gluten enthalten. Hier wäre es sinnvoll - zumindest wenn Sie wirklich völlig glutenfrei leben wollen oder müssen -, wenn Sie sich vor dem Kauf oder Verzehr an den Hersteller wenden würden.

Verstecktes Gluten:

- Fertige Saucen (einschließlich gewürzter Saucen wie Soja- und Fischsauce), fertige Dressings, fertige Suppen
- Arzneimittel, Zahnpasta und kosmetische Produkte wie Lippenbalsamstifte
- Aromen, Farben, Stabilisatoren, Verdickungsmittel, Geliermittel, Geschmacksverstärker
- Essbarer Spielteig
- Pommes frittes
- Kroketten, Kartoffelpuffer
- Milchprodukte mit Fruchtzubereitungen
- Einige fettarme Produkte
- Frischkäsezubereitungen mit Kräutern
- Wurst und Würstchen
- Rührei in Restaurants oder Hotels
- Pudding, Eis, Nuss-Nougat-Sahne
- Chips, Flips und andere Knabbereien
- Schokolade
- Ketchup, Senf und gewürzte Saucen wie Sojasauce, Fischsauce und andere
- Gewürzmischungen
- Modegetränke, Limonaden
- Aromatisierter Tee oder Kaffee

Fügen Sie dem Kakaopulver Zusatzstoffe hinzu

Wir haben hier auch weitere Informationen zu versteckten Glutenquellen für Sie zusammengestellt: Neun versteckte Glutenquellen .

Damit Sie jedoch nicht so schockiert sind und nicht glauben, dass Sie nichts mehr essen können, finden Sie im Folgenden die Positivliste mit all den Produkten / Lebensmitteln, die glutenfrei sind:

Glutenfreie Lebensmittel:

- Reis, Wildreis, Mais, Hirse, Buchweizen, Amaranth, Quinoa und Produkte aus all diesen Körnern und Pseudokörnern (z. B. Mehl, Flocken, Pops)
- Nüsse
- Ölsaaten (Leinsamen, Sesam, Kürbiskerne, Sonnenblumenkerne usw.)
- Hülsenfrüchte
- Obst und Gemüse
- Salate (Vorsicht mit vorgefertigten Dressings)
- Kartoffeln und Kartoffelstärke
- Kastanien und daraus hergestellte Produkte (z. B. Kastanienmehl, Kastanienflocken)
- Wegerichmehl, Sojamehl, Teffmehl , Kichererbsenmehl, Kokosmehl, Hanfmehl, Lupinenmehl, Mandelmehl
- Milch und Milchprodukte
- Andere pflanzliche Öle als Weizenkeimöl
- Fleisch, Fisch, Meeresfrüchte
- Eier
- Tofu und Sojamilch
- Kokosnuss und Kokosnussprodukte (Kokosnussmehl, Kokosnussöl, Kokosnussblütenzucker, Kokosnussbutter, Kokosnussflocken usw.)
- Honig und viele alternative Süßstoffe wie Ahornsirup, Agavensirup, Apfelsirup, Reissirup , Yavon als Sirup oder Yacon als Pulver usw. (Gerstenmalz besser nicht)
- reine Gewürze und Kräuter (Vorsicht bei Mischungen)

- reine Fruchtsäfte, Wasser, Tee (nicht aromatisiert)
- reines Kakaopulver
- Wein und Champagner

Glutenfreie Bindemittel: Kartoffelstärke, Reismehl, Maisstärke, Kudzu, Maranta Stärke, Johannisbrotkernmehl, gua gum

VORTEILE DER GLUTENFREIEN ERNÄHRUNG

Wenn Sie jetzt glutenfrei essen, haben Sie automatisch den Vorteil, dass Sie Ihren Körper in Zukunft nicht nur vor Gluten schützen, sondern auch vor allen chemischen Zusätzen, die in den meisten Fertiggerichten enthalten sind.

Der einfachste Weg, auf eine glutenfreie Ernährung umzusteigen, besteht darin, alles zu Hause frisch zu kochen und zu backen. Auf diese Weise wissen Sie immer genau, was wirklich in Ihrem Essen enthalten ist, und bekommen schnell ein Gefühl dafür, was Sie außerhalb Ihres Zuhauses bestellen können, dh in Restaurants oder Hotels, und was besser nicht.

Inzwischen gibt es in Supermärkten, Drogerien und Reformhäusern ganze Regale mit glutenfreien Fertigprodukten wie Pizza, Brot, Brötchen und vielem mehr. Zu Beginn ist es jedoch ratsam, selbst zu backen und zu kochen, um die alternativen Möglichkeiten der glutenfreien Küche kennenzulernen.

Darüber hinaus sind die glutenfreien Fertigprodukte von der Stange glutenfrei, aber das ist oft das einzige Kriterium. Die typischen chemischen Lebensmittelzusatzstoffe sind weiterhin enthalten. Es kann auch zusätzliche Substanzen enthalten, die die Eigenschaften des fehlenden Glutens nachahmen sollen.

GLUTENFREIE REZEPTE

RICOTTA PANCAKES MIT APRIKOSEN

Vorbereitung:

15 Minuten

Kalorien:

499 kcal

Ernährungswerte

1 Portion enthält

(Anteil des Tagesbedarfs in Prozent)

- Kalorien 499 kcal (24%)
- Protein 19 g (19%)
- Fett 23 g (20%)
- Kohlenhydrate 52 g (35%)
- zugesetzter Zucker 5,3 g (21%)
- Faser 2,8 g (9%)

Zutaten für 1 Portion

- 80 g Ricotta
- 1 Ei
- 3 EL Zitronensaft
- 1 TL Honig
- 40 g Buchweizenmehl
- ½ TL Backpulver
- 1 TL Kokosöl
- 2 Aprikosen
- 3 EL Joghurt (3,5% Fett)
- 1 Stiel Minze

Vorbereitung

Küchengeräte

1 Schüssel, 1 Schneebesen, 1 Pfanne, 1 Spatel, 1 Messer, 1 Arbeitsbrett

Vorbereitungsschritte

1. Ricotta mit Ei, Zitronensaft und Honig glatt rühren. Fügen Sie Buchweizenmehl und Backpulver hinzu und mischen Sie es zu einem dicken Teig. Kokosöl in einer Pfanne erhitzen und einen großen Esslöffel Teig in jede Pfanne geben, 1 Minute bei mittlerer Hitze backen, wenden und von der anderen Seite weiter backen. Tun Sie dies für ungefähr 5 Pfannkuchen.

2. In der Zwischenzeit die Aprikosen waschen, halbieren und in Keile schneiden. Joghurt cremig rühren. Waschen Sie die Minze, schütteln Sie sie trocken und nehmen Sie die Blätter ab. Die Pfannkuchen auf einen Teller stapeln, die Joghurt- und Aprikosenschnitze darauf legen und mit Minze garniert serviere

Vanilla Joghurt mit Aprikosen

Vorbereitung:

15 Minuten

Kalorien:

145 kcal

Ernährungswerte

1 Portion enthält

(Anteil des Tagesbedarfs in Prozent)

- Kalorien 592 kcal (28%)
- Protein 21 g (21%)
- Fett 23 g (20%)
- Kohlenhydrate 74 g (49%)
- zugesetzter Zucker 0 g (0%)
- Faser 16,7 g (56%)

Zutaten für 2 Portionen

- 250 g Joghurt (3,5% Fett)
- 1 TL Leinöl
- 1 Prise Vanillepulver
- 2 Aprikosen
- 4 th Bananenscheiben
- 4 th Heidelbeeren
- 2 rote Trauben

Vorbereitung

Küchengeräte

1 Messer, 1 Arbeitsbrett

Vorbereitungsschritte

1.	Joghurt mit Vanillepulver und Leinöl mischen und in zwei Schalen teilen.
2.	Obst waschen und trocken tupfen. Die Aprikosen halbieren und steinigen. Schneiden Sie die Ohren von einer Aprikosenhälfte ab, schneiden Sie den Rest in kleine Würfel.
3.	Legen Sie ein Fuchsgesicht mit den Aprikosenwürfeln auf den Joghurt und lassen Sie freien Platz für Kinn und Wangen. Setzen Sie die Augen aus den Bananenscheiben und Blaubeeren zusammen. Legen Sie die Trauben als Nase auf den Yo Gurt und platzieren Sie schließlich die EA

HONEY SKYR MIT NUTS

Vorbereitung:

5 Minuten

Kalorien:

373 kcal

Ernährungswerte

1 Portion enthält

(Anteil des Tagesbedarfs in Prozent)

- Kalorien 373 kcal (18%)
- Protein 30 g (31%)
- Fett 21 g (18%)
- Kohlenhydrate 15 g (10%)
- zugesetzter Zucker 7,5 g (30%)
- Faser 2 g (7%)

Zutaten für 2 Portionen

- 400 g Skyr
- 1 EL Honig (alternativ Ahornsirup)
- 1 Prise Vanillepulver
- 1 Handvoll Walnusskerne (25 g)
- 1 Handvoll Mandelkerne (25 g; ungeschält)
- 2 TL Leinöl

Vorbereitung

Küchengeräte

2 kleine Schüsseln, 1 Messer, 1 Arbeitsbrett

Vorbereitungsschritte

1. Mischen Sie den Skyr mit Honig und Vanille. Walnüsse und Mandeln grob hacken.
2. Teilen Sie den Skyr in zwei Schalen, gießen Sie die Nüsse darüber und träufeln Sie jeweils 1 Teelöffel Leinöl darüber. Serviere und genieße Skyr .

Gemüse- und Linseneintopf mit Erbsen

Vorbereitung:

25 min

Kalorien:

592 kcal

Ernährungswerte

1 Portion enthält

(Anteil des Tagesbedarfs in Prozent)

- Kalorien 592 kcal (28%)
- Protein 21 g (21%)
- Fett 23 g (20%)
- Kohlenhydrate 74 g (49%)
- zugesetzter Zucker 0 g (0%)
- Faser 16,7 g (56%)

Zutaten für 2 Portionen

- 5 g Ingwerknolle
- 1 Schalotte
- 1 Süßkartoffel
- 100 g Selleriewurzel
- 2 EL Olivenöl
- 80 g rote Linsen
- 1 TL Harissa Paste
- 1 EL Tomatenmark
- ½ TL Currypulver
- 600 ml Gemüsebrühe
- Salz-
- Pfeffer
- 4 EL Kokosmilch
- 2 Stück Frühlingszwiebeln
- 150 g gefrorene Erbse
- 2 TL Sonnenblumenkerne

Vorbereitung

Küchengeräte

1 Arbeitsbrett, 1 kleines Messer, 1 Topf

Vorbereitungsschritte

1.	Ingwer und Schalotte schälen und hacken. Süßkartoffel und Sellerie putzen, schälen und in kleine Würfel schneiden.

2.	1 Esslöffel Öl in einem Topf erhitzen, Ingwer, Schalotte, Süßkartoffel und Sellerie bei mittlerer Hitze 5 Minuten anbraten. Linsen, Harissa, Tomatenmark und Curry hinzufügen und 4 Minuten anbraten.

3.	Gießen Sie die Gemüsebrühe, würzen Sie sie mit Salz und Pfeffer und lassen Sie die Suppe ca. 15 Minuten köcheln. Dann 2 Esslöffel Kokosmilch einrühren.

4.	Gleichzeitig die Frühlingszwiebeln reinigen, waschen und hacken. Das restliche Öl in einer Pfanne erhitzen, Zwiebel, Erbsen und Sonnenblumenkerne 5 Minuten braten . Füllen Sie die Suppe in zwei Schalen, beträufeln Sie sie mit der restlichen Kokosmilch und geben Sie die Erbsen darauf.

Gegrillter Lachs - Spieße mit Fenchel und Tomaten - Salsa

Vorbereitung:

40 min

fertig in 1 h

Kalorien:

225 kcal

Ernährungswerte

1 Portion enthält

(Anteil des Tagesbedarfs in Prozent)

- Kalorien 225 kcal (11%)
- Protein 19 g (19%)
- Fett 14 g (12%)
- Kohlenhydrate 4 g (3%)
- Zucker hinzugefügt 1 g (4%)
- Faser 2,5 g (8%)

Zutaten für 4 Portionen

- 200 g vollreife Tomaten
- 2 Frühlingszwiebeln
- 150 g Fenchel Lampe (1 Fenchel bulb)
- 1 roter Chilipfeffer
- Koriander mit 3 Stielen
- 1 Limette
- 3 EL Olivenöl
- Salz-
- Zucker
- 400 g Lachsfilet ohne Haut
- 1 getrockneter Chili
- P epper

Vorbereitung

Küchengeräte

1 Schüssel, 1 kleine Schüssel, 1 Arbeitsbrett, 1 großes Messer, 1 kleines Messer, 1 Esslöffel, 1 Holzlöffel, 1 Grillpfanne, 4 Holzspieße

Vorbereitungsschritte

1.   Die Tomaten waschen, vierteln und entkernen, dabei die Stiele entfernen.

2.   Das Fruchtfleisch in 1 cm große Würfel teilen.

3.   Die Frühlingszwiebeln waschen und reinigen und in 1/2 cm dicke Ringe schneiden.

4.   Den Fenchel waschen, halbieren, den Stiel entfernen und die Knolle fein würfeln.

5.   Die frischen Chilis längs halbieren, den Kern entfernen, waschen und fein hacken.

6.   Koriander waschen, trocken schütteln und Blätter hacken.

7.   Drücken Sie die Limette.

8.   Mischen Sie die fein gehackten Zutaten mit je 1 Esslöffel Limettensaft und Öl. Mit Salz und einer Prise Zucker würzen. Vor dem Servieren kalt stellen und mindestens 30 Minuten ziehen lassen.

9.   Das Lachsfilet in 12 gleiche Würfel schneiden.

10.   Den getrockneten Chili- Pfeffer zerbröckeln , mit dem Pfeffer und dem restlichen Öl mischen und über den Lachs gießen. 15 Minuten ziehen lassen (marinieren).

11.   Die Lachswürfel leicht salzen und auf 4 Holzspieße legen. Erhitzen Sie eine Grillpfanne und grillen Sie die Spieße rundum 4-5 Minuten lang. Legen Sie die Lachsspieße und die Salsa auf einen Teller und servieren Sie sie auf Wunsch mit Limettenschnitzen.

Kheer indischer Milchreis

Vorbereitung:

10 Minuten

fertig in 50 min

Kalorien:

323 kcal

Ernährungswerte

1 Portion enthält

(Anteil des Tagesbedarfs in Prozent)

- Kalorien 323 kcal (15%)
- Protein 11 g (11%)

- Fett 12 g (10%)
- Kohlenhydrate 43 g (29%)
- zugesetzter Zucker 5 g (20%)
- Faser 1,7 g (6%)

Zutaten für 4 Portionen

- 125 g Basmatireis
- 750 ml Milch (3,5% Fett)
- 1 Prise Safran
- 4 TL roher Rohrzucker
- 4 th grüne Kardamomkapseln
- 1 Gewürznelke
- ½ TL Zimtpulver (Ceylon)
- 1 Handvoll Mandeln (mit Haut)
- 2 TL Rosenwasser (nach Bedarf)
- 1 EL Pistazien

Vorbereitung

Küchengeräte

1 kleiner Topf, 1 Messer, 1 Messbecher

Vorbereitungsschritte

1.　　　Reis in eine Schüssel geben und 30 Minuten in kaltem Wasser einweichen. Abseihen und mit kaltem Wasser waschen.

2.　　　Milch, Zucker und Safran in einen Topf geben. Drücken Sie auf die Kardamomkapseln und geben Sie die Milch mit der Nelke und dem Zimt hinzu und bringen Sie sie zum Kochen.

3.　　　Sobald die Milch zu kochen beginnt, Reis einrühren und abgedeckt bei schwacher Hitze ca. 20 Minuten köcheln lassen. Gelegentlich umrühren, damit der Reis nicht klebt und brennt.

4.　　　In der Zwischenzeit die Mandeln fein hacken und zum Reis geben. Bei Bedarf das Rosenwasser in das Kheer einrühren, abschmecken und in Schalen teilen. Mit grob gehackten Pistazien belegen und kalt oder warm genießen.

Quinoa- Salat

Vorbereitung:

1 h

Kalorien:

409 kcal

Ernährungswerte

1 Portion enthält

(Anteil des Tagesbedarfs in Prozent)

- Kalorien 409 kcal (19%)
- Protein 15 g (15%)
- Fett 16 g (14%)
- Kohlenhydrate 50 g (33%)
- zugesetzter Zucker 0 g (0%)
- Faser 8,9 g (30%)

Zutaten für 4 Portionen

- 200 g Quinoa
- 1 Mango
- 1 Gurke
- 3 Tomaten
- 1 roter Pfeffer
- 150 g Lammsalat
- 1 rote Zwiebel
- 2 Stiele Minze
- 150 g Feta (45% Fett in der Trockenmasse)
- 1 EL Olivenöl
- 1 EL Apfelessig
- Salz-
- Pfeffer

Vorbereitung

Küchengeräte

1 Topf, 1 Sieb, 1 Messer, 1 Arbeitsbrett, 1 Schüssel

Vorbereitungsschritte

1.   Spülen Sie die Quinoa mit kaltem Wasser ab, bringen Sie sie in einem Topf mit der doppelten Menge Wasser zum Kochen und kochen Sie sie bei schwacher Hitze etwa 10 Minuten lang. In der Zwischenzeit die Mango schälen, aus dem Stein schneiden und das Fruchtfleisch in Würfel schneiden. Gurke, Tomaten und Paprika putzen, waschen und schneiden. Den Lammsalat waschen und trocken schleudern. Zwiebel schälen und hacken. Die Minze waschen, trocken schütteln, die Blätter zupfen und in Streifen schneiden. Den Feta würfeln.

2.   Die Quinoa abtropfen lassen, abtropfen lassen und in eine Schüssel geben. Fügen Sie die Mango, Gurke, Tomaten, Paprika, Lammsalat, Zwiebel, Minze und Feta hinzu und mischen Sie. Den Salat mit Olivenöl, Apfelessig, Salz und Pfeffer würzen.

Burrito Schüssel

Vorbereitung:

45 min

Kalorien:

388 kcal

Ernährungswerte

1 Portion enthält

(Anteil des Tagesbedarfs in Prozent)

- Kalorien 388 kcal (18%)
- Protein 9 g (9%)
- Fett 17 g (15%)
- Kohlenhydrate 48 g (32%)

- zugesetzter Zucker 0 g (0%)
- Faser 6 g (20%)

Zutaten für 4 Portionen

- 200 g Vollkornreis
- Salz-
- 1 Petersilie der Bundesregierung (20 g)
- 2 organische Limetten
- 100 g schwarze Bohnen (Dose; abgelassenes Gewicht)
- 100 g Mais (Dose; abgelassenes Gewicht)
- 1 grüner Chilipfeffer
- 2 EL Olivenöl
- Pfeffer
- 200 g Kirschtomate
- 1 kleine rote Zwiebel
- 1 Salatherz
- 1 Avocado
- ½ Knoblauchzehe
- 200 g griechischer Joghurt

Vorbereitung

Küchengeräte

1 Topf, 1 Zitronenpresse, 1 Sieb, 1 Stabmixer

Vorbereitungsschritte

1.   Reis in einen Topf mit doppelt so viel Salzwasser geben, zum Kochen bringen und bei mittlerer Hitze 25 Minuten kochen lassen.

2.   In der Zwischenzeit die Petersilie waschen und trocken schütteln. 1 kleine Handvoll beiseite stellen und die restliche Petersilie hacken. Drücken Sie den Saft von 1 Limette. Den Reis schaumig schlagen und verdunsten lassen. Gehackte Petersilie und 1 EL Limettensaft unterheben .

3.   Bohnen und Mais in einem Sieb abtropfen lassen, waschen und abtropfen lassen. Den Chilipfeffer reinigen und

waschen , die Kerne entfernen und fein hacken. Bohnen, Mais und Chili mit 1 Esslöffel Olivenöl mischen und mit Salz und Pfeffer würzen.

4.   Die Kirschtomaten putzen, waschen und vierteln. Zwiebel schälen, halbieren und in Ringe schneiden. Tomaten und Zwiebelringe mit 1 Esslöffel Öl und 1 Teelöffel Limettensaft mischen, mit Salz und Pfeffer würzen.

5.   Den Salat reinigen, waschen und in feine Streifen schneiden. Die Avocado halbieren, den Kern entfernen und das Fruchtfleisch mit einem Löffel entfernen. Diagonal in Streifen schneiden. Knoblauch schälen und mit Joghurt, Petersilie, etwas Limettensaft, Salz und Pfeffer fein pürieren. Den restlichen Kalk mit heißem Wasser waschen, trocken reiben und in 4 Keile schneiden.

6.   Petersilienreis, Bohnen-Mais-Mischung, Tomaten und Salat in 4 Schalen teilen und mit Avocadostreifen und Joghurtdressing servieren. Mit restlichen Petersilienblättern und Limettenschnitzen garniert servieren

Gurken-, Radieschen- und Tomatensalat

Vorbereitung:

10 Minuten

Kalorien:

199 kcal

Ernährungswerte

1 Portion enthält

(Anteil des Tagesbedarfs in Prozent)

- Kalorien 199 kcal (9%)
- Protein 5 g (5%)
- Fett 16 g (14%)
- Kohlenhydrate 8 g (5%)

Zutaten für 4 Portionen

- 1 ½ Gurken
- 1 Rettich der Bundesregierung
- 1 Rakete der Bundesregierung (80 g)
- 250 g Kirschtomaten
- 4 EL Olivenöl
- 3 EL Zitronensaft
- 1 TL Senf
- 1 TL Honig
- Salz-
- Pfeffer
- 40 g Pinienkerne
- ½ Bund Basilikum

Vorbereitung

Küchengeräte

1 Arbeitsbrett, 1 großes Messer, 1 Salatschüssel

Vorbereitungsschritte

1.	Gurke und Radieschen reinigen und waschen. Die Gurke in Würfel und die Radieschen in dünne Scheiben schneiden. Waschen Sie die Rakete und schütteln Sie sie trocken. Tomaten waschen und halbieren.

2.	Für das Dressing das Öl mit Zitronensaft, Senf und Honig verquirlen, mit Salz und Pfeffer würzen. Gurken, Radieschen, Tomaten und Rucola mischen und mit dem Dressing mischen.

3.	Pinienkerne in einer Pfanne ohne Fett 3 Minuten bei mittlerer Hitze rösten. Basilikum waschen, trocken schütteln und Blätter abholen. Den mit Pinienkernen und Basilikum bestreuten Salat servieren.

Frühlings - Risotto mit grünem Spargel und Radieschen

Vorbereitung:

30 Minuten

Kalorien:

575 kcal

Ernährungswerte

1 Portion enthält

(Anteil des Tagesbedarfs in Prozent)

- Kalorien 575 kcal (27%)

- Protein 21 g (21%)
- Fett 20 g (17%)
- Kohlenhydrate 76 g (51%)
- zugesetzter Zucker 0 g (0%)

Zutaten für 2 Portionen

- ½ rote Zwiebel
- 2 EL Olivenöl
- 180 g Risottoreis
- 2 TL Kapern
- 650 ml Gemüsebrühe
- 60 g Parmesan
- Pfeffer
- 1 Spritzer
- Zitronensaft
- 400 g grüner Spargel
- ½ Bund Rettich
- Salz-
- ½ Bund Dill

Vorbereitung

Küchengeräte

1 Topf, 1 Messer, 1 Arbeitsbrett, 1 Pfanne, 1 Reibe

Vorbereitungsschritte

1.   Eine halbe Zwiebel schälen und in Streifen schneiden. 1 Esslöffel Olivenöl in einem Topf erhitzen, Zwiebel und Risottoreis 1 Minute bei mittlerer Hitze anbraten. Kapern hinzufügen und mit

etwas Gemüsebrühe ablöschen. Fügen Sie die Gemüsebrühe nach und nach unter gelegentlichem Rühren etwa 20 Minuten lang hinzu, bis der Reis die Flüssigkeit vollständig aufgenommen hat.

2.	Den Parmesan reiben und die Hälfte unter das Risotto rühren. Mit Pfeffer und Zitronensaft würzen und bei geschlossenem Deckel beiseite stellen.

3.	In der Zwischenzeit Spargel und Radieschen reinigen und waschen. Schneiden Sie die holzigen Enden des Spargels ab und vierteln Sie die Radieschen. Den Rest des Öls in einer Pfanne erhitzen und das Gemüse bei mittlerer Hitze 3 Minuten braten, dabei wenden und mit Salz abschmecken. Den Dill waschen, trocken schütteln und grob hacken.

4.	Das Risotto auf Tellern anrichten, das Gemüse darüber gießen und mit dem Rest des Parmesans und Dills bestreut servieren.

Rosenkohl und Cashew - Suppe

Vorbereitung:

20 Minuten

fertig in 4 h 40 min

Kalorien:

451 kcal

Ernährungswerte

1 Portion enthält

(Anteil des Tagesbedarfs in Prozent)

- Kalorien 451 kcal (21%)
- Protein 19 g (19%)
- Fett 27 g (23%)
- Kohlenhydrate 32 g (21%)
- zugesetzter Zucker 0 g (0%)
- Faser 10,7 g (36%)

Zutaten für 2 Portionen

- 110 g Cashewnüsse
- 300 g Rosenkohl
- 500 ml Gemüsebrühe
- 5 Datteln (ohne Stein)
- 1 Bio-Zitrone
- 1 Handvoll Kräuter (5 g; zB Petersilie)
- 1 Prise Himalaya- Salz
- Pfeffer
- rosa Pfefferbeeren

Vorbereitung

Küchengeräte

1 Stabmixer, 1 Topf, 1 Messer, 1 Zitronenpresse

Vorbereitungsschritte

1. 100 g Cashewnüsse mindestens 4 Stunden in 200 ml Wasser einweichen. Dann mit einem Mixer zu einer Creme verarbeiten.

2. In der Zwischenzeit die Rosenkohls reinigen und waschen, in einen Topf mit Gemüsebrühe geben und bei mittlerer Hitze 15 bis 20 Minuten kochen lassen. Dann den Rosenkohl abtropfen lassen und ein paar Röschen beiseite stellen. Den restlichen Kohl nach und nach mit der Cashewcreme und 200 ml Wasser und den Datteln hinzufügen, bis die gewünschte Konsistenz erreicht ist, und zu einer cremigen Suppe pürieren.

3. Drücken Sie die Zitrone aus. Kräuter waschen, trocken schütteln und hacken. Die Suppe mit Zitronensaft, Salz und Pfeffer würzen und den Rosenkohl beiseite stellen. Die Suppe in Schalen anrichten und mit den restlichen Cashewnüssen, rosa Pfefferbeeren und Kräutern bestreuen.

Vegetarische Pizza Suppe

Vorbereitung:

45 min

Kalorien:

467 kcal

Ernährungswerte

1 Portion enthält

(Anteil des Tagesbedarfs in Prozent)

- Kalorien 467 kcal (22%)
- Protein 21 g (21%)
- Fett 37 g (32%)
- Kohlenhydrate 14 g (9%)
- zugesetzter Zucker 0 g (0%)
- Faser 8,9 g (30%)

Zutaten für 4 Portionen

- 300 g braune Pilze
- 1 rote Zwiebel
- 2 Knoblauchzehen
- 1 gelber Pfeffer
- 1 roter Pfeffer
- 100 g Babyspinat
- 250 g Mozzarella (45% Fett in der Trockenmasse)
- 4 EL Haselnusskerne
- 4 EL Olivenöl
- 500 g gesiebte Tomaten (Glas)
- 500 ml Gemüsebrühe
- Salz-
- Pfeffer
- 2 TL getrockneter Oregano
- 1 TL getrocknetes Basilikum
- 1 TL Paprikapulver
- 2 TL Sojasauce

Vorbereitung

Küchengeräte

1 Messer, 1 kleine beschichtete Pfanne, 1 Topf

Vorbereitungsschritte

1.   Die Pilze putzen, in sehr kleine Würfel schneiden und auf einem Backblech verteilen. 30 Minuten trocknen lassen.

2.   In der Zwischenzeit die Zwiebel und den Knoblauch schälen, die Zwiebel in Streifen schneiden und den Knoblauch hacken. Paprika putzen, waschen, halbieren, entkernen und in Würfel schneiden. Den Spinat putzen und waschen, trocken schütteln und grob hacken, etwa eine Handvoll zum Garnieren beiseite stellen. Den Mozzarella abtropfen lassen und in kleine Würfel schneiden.

3.   Die Haselnüsse grob hacken und in einer Pfanne bei mittlerer Hitze ca. 3–5 Minuten rösten, aus der Pfanne nehmen und beiseite stellen.

4.   2 Esslöffel Olivenöl in einem Topf erhitzen, Zwiebeln und Knoblauch bei mittlerer Hitze anbraten. Tomaten und Brühe einfüllen und ca. 10 Minuten köcheln lassen. Die Pizzasuppe mit Salz, Pfeffer, Oregano und Basilikum würzen. Dann Paprika, Spinat und drei Viertel des Mozzarellas dazugeben und einrühren.

5.   Den Rest des Olivenöls in der Pfanne erhitzen und die Pilzwürfel darin ca. 5 Minuten braten und mit Paprikapulver, Sojasauce und Pfeffer würzen. Dann mit Haselnüssen mischen und zur Pizzasuppe geben. Mit dem restlichen Spinat und Mozzarella bestreuen und servieren.

Linsen-Nudeln mit Pesto und Rosenkohl

Vorbereitung:

30 Minuten

Kalorien:

531 kcal

Ernährungswerte

1 Portion enthält

(Anteil des Tagesbedarfs in Prozent)

- Kalorien 531 kcal (25%)
- Protein 28 g (29%)

- Fett 29 g (25%)
- Kohlenhydrate 39 g (26%)
- zugesetzter Zucker 0 g (0%)
- Faser 12,1 g (40%)

Zutaten für 4 Portionen

- 500 g Rosenkohl
- Salz-
- 250 g Linsennudeln
- 1 Knoblauchzehe
- 80 g getrocknete Tomate in Öl (abgetropft)
- 50 g Parmesan in einem Stück (30% Fett in der Trockenmasse)
- 30 g Pinienkerne (2 EL)
- 8 EL Olivenöl
- ½ Bio-Zitrone (Schale und Saft)
- Pfeffer
- 5 g Basilikumblätter (1 Handvoll)

Vorbereitung

Küchengeräte

1 Reibe, 1 Stabmixer

Vorbereitungsschritte

1.   Rosenkohl putzen, waschen und halbieren. Die Röschen 5 Minuten in kochendem Salzwasser kochen. Dann abtropfen lassen, abspülen und abtropfen lassen.

2.   Gleichzeitig die Nudeln 8 Minuten in kochendem Salzwasser gemäß den Anweisungen auf der Packung kochen. dann abtropfen lassen und abtropfen lassen.

3.   In der Zwischenzeit die getrockneten Tomaten in kleine Stücke schneiden. Den Parmesan reiben. Die Pinienkerne 3 Minuten bei mittlerer Hitze in einer heißen Pfanne ohne Fett rösten.

4.   Tomaten, Parmesan, Pinienkerne, Öl und 3-4 Esslöffel Wasser mit einem Stabmixer fein pürieren und mit Salz, Pfeffer, Zitronenschale und Saft würzen. Basilikum waschen und trocken schütteln. Nudeln mit Rosenkohl mischen und mit Pesto und Basilikum servieren.

Gefüllte Süßkartoffel mit Auberginen und Feta

Vorbereitung:

20 Minuten

fertig in 1 h 10 min

Kalorien:

644 kcal

Ernährungswerte

1 Portion enthält

(Anteil des Tagesbedarfs in Prozent)

- Kalorien 644 kcal (31%)
- Protein 18 g (18%)
- Fett 34 g (29%)
- Kohlenhydrate 66 g (44%)
- zugesetzter Zucker 0 g (0%)
- Faser 11,7 g (39%)

Zutaten für 2 Portionen

- 500 g Süßkartoffeln (2 kleine Süßkartoffeln)
- 1 Aubergine
- 3 EL Olivenöl
- 4 ᵗʰ Sonne getrocknete Tomaten
- 20 g Kürbiskerne
- ½ TL pinkfarbenes Paprikapulver
- 1 Prise Chiliflocken
- ½ TL gemahlener Kreuzkümmel
- 1 Prise gemahlener Kardamom
- Salz-
- Pfeffer
- 1 Handvoll
- Feldsalat
- 100 g Feta

Vorbereitung

Küchengeräte

1 Auflaufform, 1 Messer, 1 Arbeitsbrett, 1 Pfanne, 1 Schüssel

Vorbereitungsschritte

1.   Die Süßkartoffeln waschen, trocken tupfen, längs schneiden und mehrmals mit einer Gabel einlegen. In eine Auflaufform geben und im vorgeheizten Backofen bei 200 ° C (Heißluftofen: 180 ° C; Gas: Stufe 3) ca. 60 Minuten backen.

2.   In der Zwischenzeit die Aubergine waschen und in Würfel schneiden. 1 EL Olivenöl in einer Pfanne erhitzen und die Auberginenwürfel bei mittlerer Hitze 5 Minuten braten. Die getrockneten Tomaten in Streifen schneiden und die Kürbiskerne grob hacken. Die Gewürze mit dem restlichen Öl mischen, mit den Auberginenwürfeln mischen , mit Salz und Pfeffer würzen .

3.   Den Lammsalat waschen und trocken schleudern. Den Feta zerbröckeln. Die gebackenen Süßkartoffeln etwas abkühlen lassen, etwas öffnen, das Fruchtfleisch mit einer Gabel zerdrücken, mit Salz und Pfeffer würzen. Mit Auberginenmischung, Feta und Lammsalat füllen und servieren.

Schüssel mit Kartoffeln , Gurke, Avocado und Feta

Vorbereitung:

25 min

Kalorien:

483 kcal

Ernährungswerte

1 Portion enthält

(Anteil des Tagesbedarfs in Prozent)

Kalorien 483 kcal (23%)

Protein 14 g (14%)

Fett 27 g (23%)

Kohlenhydrate 43 g (29%)

zugesetzter Zucker 0 g (0%)

Faser 9,3 g (31%)

Zutaten für 2 Portionen

- 400 g Wachskartoffeln
- Salz-
- ½ Gurke
- ½ Bund Rettich
- 1 Handvoll
- Rucola
- 1 Avocado
- 4 Stück eingelegte Gurke (mit 1 EL Gurkenbrühe)
- 4 EL Joghurt (3,5% Fett)
- 1 EL Leinöl
- 1 Zweig Majoran
- Pfeffer
- 50 g Feta
- 2 TL Sonnenblumenkerne

Vorbereitung

Küchengeräte

1 Topf, 1 Arbeitsbrett, 1 kleines Messer, 1 Salatschüssel, 1 Schüssel

Vorbereitungsschritte

1.   Kartoffeln schälen, waschen und 15 Minuten in kochendem Salzwasser kochen. Dann abtropfen lassen, in kaltem Wasser abspülen und abtropfen lassen.

2.   In der Zwischenzeit die Gurke und die Radieschen reinigen und waschen und in dünne Scheiben schneiden. Waschen Sie die Rakete und schütteln Sie sie trocken. 2 Gurken längs halbieren und in Scheiben schneiden; den

Rest würfeln. Die Avocado halbieren, den Stein entfernen, das Fruchtfleisch aus der Haut heben und in Streifen schneiden.

3.   Für den Dip den Majoran waschen, trocken schütteln und die Blätter hacken. Dann Joghurt, Öl, Majoran, Gurkenwürfel und Gurkenbrühe mischen, mit Salz und Pfeffer würzen.

4.   Den Feta zerbröckeln. Die Kartoffeln in Scheiben schneiden und mit Gurke, Radieschen und Rucola mischen. Zutaten in Schalen geben, Avocado hinzufügen, mit Feta und Sonnenblumenkernen bestreuen und mit dem Dip beträufeln.

Süßkartoffeln mit Spargel , Auberginen und Halloumi

Vorbereitung:

45 min

Kalorien:

789 kcal

Ernährungswerte

1 Portion enthält

(Anteil des Tagesbedarfs in Prozent)

- Kalorien 789 kcal (38%)
- Protein 32 g (33%)
- Fett 50 g (43%)

- Kohlenhydrate 53 g (35%)
- Zucker hinzugefügt 1 g (4%)
- Faser 10 g (33%)

Zutaten für 4 Portionen

- 1 Aubergine
- 9 EL Olivenöl
- Chiliflocken
- Salz-
- Pfeffer
- 2 Süßkartoffeln
- 1 roter Chilipfeffer
- 2 EL Sonnenblumenkerne
- 1 grüner Spargel der Bundesregierung
- 4 EL Zitronensaft
- 200 g Kichererbsen (Dose; Gewicht verlieren)
- ½ Bund Basilikum
- ½ Bund Zitronenmelisse
- 1 TL Senf
- ½ TL Kurkumapulver
- 1 TL Honig
- 300 g Halloumi

Vorbereitung

Küchengeräte

1 Arbeitsplatte, 1 großes Messer, 1 beschichtete Pfanne

Vorbereitungsschritte

1.	Die Aubergine reinigen, waschen und in Scheiben schneiden. 2 Esslöffel Öl in einer Pfanne erhitzen und die Auberginenscheiben auf beiden Seiten bei mittlerer Hitze 5–7 Minuten braten und mit Chiliflocken , Salz und Pfeffer würzen. Aus der Pfanne nehmen und beiseite stellen.

2.	In der Zwischenzeit die Süßkartoffel schälen und in Würfel schneiden. Die Chilis längs halbieren, den Kern entfernen, waschen und in Scheiben schneiden. 1 weiterer Esslöffel Öl in der Pfanne erhitzen und die Süßkartoffelwürfel 10 Minuten braten. 1 EL Sonnenblumenkerne und Chili- Scheiben hinzufügen und mit Salz und Pfeffer würzen . Auch beiseite stellen.

3. Gleichzeitig den Spargel waschen, die Holzenden abschneiden, ggf. das untere Drittel der Stiele schälen. 1 Esslöffel Öl in einer Pfanne erhitzen, den Spargel darin 5 Minuten bei mittlerer Hitze braten. Mit 1 EL Zitronensaft ablöschen , 2 EL Wasser hinzufügen und abgedeckt weitere 3 Minuten kochen lassen.

4. Gleichzeitig die Kichererbsen abspülen und abtropfen lassen. Basilikum und Zitronenmelisse waschen, trocken schütteln und hacken. Die Kichererbsen mit der Hälfte der Kräuter und 1 Esslöffel Öl mischen und mit Salz und Pfeffer würzen.

5. Für das Dressing das restliche Öl mit dem restlichen Zitronensaft, Senf, Kurkuma und Honig verquirlen, mit Salz und Pfeffer würzen und die restlichen Kräuter untermischen.

6. Die Halloumi in Scheiben schneiden und in einer heißen Pfanne auf beiden Seiten 5 Minuten bei mittlerer Hitze goldbraun braten.

7. Zum Servieren Süßkartoffeln und Auberginenscheiben auf Teller legen, Kichererbsen, Spargel und Halloumi darüber gießen und mit dem Dressing beträufeln. Mit den restlichen Sonnenblumenkernen bestreuen.

Linsensalat mit Spinat, Rhabarber und Spargel

Vorbereitung:

25 min

fertig in 35 min

Kalorien:

324 kcal

Ernährungswerte

1 Portion enthält

(Anteil des Tagesbedarfs in Prozent)

- Kalorien 324 kcal (15%)
- Protein 19 g (19%)

- Fett 16 g (14%)
- Kohlenhydrate 26 g (17%)
- zugesetzter Zucker 2,6 g (10%)
- Faser 13,2 g (44%)

Zutaten für 2 Portionen

- 100 g Beluga Linsen
- 2 EL Olivenöl
- Salz-
- 250 g weißer Spargel
- 100 g Rhabarber
- 1 TL Honig
- 50 g Babyspinat (2 Handvoll)

Vorbereitung

Küchengeräte

1 Pfanne, 1 Topf, 1 Sieb, 1 Messer, 1 Arbeitsbrett, 1 Schäler, 1 Salatschleuder

Vorbereitungsschritte

1.　　　Bringen Sie die Beluga-Linsen mit der dreifachen Menge Wasser zum Kochen. Bei mittlerer Hitze ca. 25 Minuten kochen lassen. Abtropfen lassen, abspülen und abtropfen lassen. Mischen Sie mit 1 EL Olivenöl und einer Prise Salz. In der Zwischenzeit waschen, reinigen, den Spargel schälen und diagonal in Stücke schneiden. Den Rhabarber waschen und reinigen und in Stücke schneiden.

2.　　　1 Esslöffel Olivenöl in einer Pfanne erhitzen und den Spargel bei mittlerer Hitze ca. 8 Minuten braten, dabei gelegentlich schwenken. Dann Rhabarber und Honig hinzufügen und weitere 5 Minuten braten und salzen. Den Spinat waschen und trocken schleudern. Die Kürbiskerne grob hacken.

3.　　　Den Spinat mit Linsen, Spargel und Rhabarber auf zwei Tellern anrichten und mit Kürbiskernen bestreut servieren.

Gesunder grüner Schuss

Vorbereitung:

15 Minuten

Kalorien:

33 kcal

Ernährungswerte

1 Portion enthält

(Anteil des Tagesbedarfs in Prozent)

- Kalorien 33 kcal (2%)
- Protein 0 g (0%)
- Fett 0 g (0%)
- Kohlenhydrate 7 g (5%)

- zugesetzter Zucker 0 g (0%)
- Faser 2 g (7%)

Zutaten für 25 Portionen

- 2 Birnen
- 3 grüne Äpfel (zB Oma Smith)
- 3-poliger Sellerie
- 60 g Bio-Ingwer
- 1 Petersilie der Bundesregierung (20 g)
- 3 Kiwis
- 2 Limetten
- 1 TL Kurkuma

Vorbereitung

Küchengeräte

1 Arbeitsbrett, 1 kleines Messer, 1 Zitronenpresse, 1 Saftpresse

Vorbereitungsschritte

1.   Birnen, Äpfel, Sellerie, Ingwer und Petersilie waschen und in Stücke schneiden. Die Kiwi halbieren und das Fruchtfleisch mit einem Löffel entfernen. Die Limetten halbieren und den Saft auspressen.

2.   Birnen, Äpfel, Kiwis, Sellerie, Ingwer und Petersilie in die Saftpresse geben und den Saft auspressen.

3.   Frisch gepressten Saft mit Limettensaft mischen und mit Kurkuma würzen. Die Mischung sofort als Schuss servieren oder in Portionen einfrieren.

Erbsensuppe mit Feta und Dill

Vorbereitung:

15 Minuten

Kalorien:

533 kcal

Ernährungswerte

1 Portion enthält

(Anteil des Tagesbedarfs in Prozent)

- Kalorien 533 kcal (25%)
- Protein 21 g (21%)
- Fett 40 g (34%)
- Kohlenhydrate 23 g (15%)
- zugesetzter Zucker 0 g (0%)
- Faser 8,8 g (29%)

Zutaten für 2 Portionen

- 1 Schalotte
- 1 Knoblauchzehe
- 2 EL Olivenöl
- 300 g Erbsen (gefroren)
- 200 ml Gemüsebrühe
- 4 Stängel Dill
- 100 g Feta
- 100 g Schlagsahne
- Salz-
- Pfeffer
- Chiliflocken
- 1 TL schwarzer Sesam

Vorbereitung

Küchengeräte

1 Topf, 1 Stabmixer

Vorbereitungsschritte

1.   Schalotte und Knoblauch schälen. 1 Esslöffel Öl in einem Topf erhitzen, Schalotten und Knoblauch bei mittlerer Hitze 3 Minuten anbraten. Dann die Erbsen dazugeben und weitere 3 Minuten kochen lassen.

2.   Dann die Gemüsebrühe einfüllen und ca. 5 Minuten köcheln lassen. In der Zwischenzeit den Dill waschen, trocken schütteln und fein zupfen. Den Feta zerbröckeln.

3.   Gießen Sie dann die Sahne ein und pürieren Sie die Suppe mit einem Stabmixer mit der Hälfte des Dills fein. Die Erbsensuppe mit Salz, Pfeffer und Chiliflocken würzen. In zwei Schalen füllen, mit dem Rest des Dills, Fetas und Sesams bestreuen und mit dem Rest des Öls beträufeln.

Chia Joghurt mit Clementine Püree

Vorbereitung:

10 Minuten

fertig in 15 min

Kalorien:

446 kcal

Ernährungswerte

1 Portion enthält

(Anteil des Tagesbedarfs in Prozent)

- Kalorien 446 kcal (21%)
- Protein 14 g (14%)
- Fett 23 g (20%)
- Kohlenhydrate 44 g (29%)
- zugesetzter Zucker 3,3 g (13%)
- Faser 9,3 g (31%)

Zutaten für 2 Portionen

- 300 g laktosefreier Joghurt (1,5% Fett)
- 30 g Chiasamen
- 1 TL Vollrohrzucker
- 2 Clementinen
- 1 Banane
- 1 Prise
- Zimt
- 30 g dunkle Schokolade
- 30 g Haselnüsse
- 5 g Amaranth Pops (2 EL)

Vorbereitung

Küchengeräte

1 Schüssel, 1 Standmixer, 1 Messer, 1 Arbeitsplatte

Vorbereitungsschritte

1.   Den Joghurt mit den Chiasamen und dem ganzen Rohrzucker mischen und beiseite stellen.

2.   Die Clementinen schälen und in Filets teilen. Die Banane schälen und mit den Clementinen in den Mixer geben . Mit Zimt würzen und alles fein pürieren.

3.   Die dunkle Schokolade und die Haselnüsse fein hacken.

4.   Die Joghurt-Chia-Mischung und das Fruchtpüree abwechselnd in zwei Gläser schichten und mit einer Schicht Püree abschließen. Mit Schokolade , Haselnüssen und Puffamarant bestreut servieren

Gegrilltes Hähnchen

Vorbereitung:

1 h 15 min

Kalorien:

619 kcal

Ernährungswerte

1 Portion enthält

(Anteil des Tagesbedarfs in Prozent)

- Kalorien 619 kcal (29%)
- Protein 56 g (57%)
- Fett 24 g (21%)
- Kohlenhydrate 42 g (28%)
- zugesetzter Zucker 2,8 g (11%)
- Faser 3,5 g (12%)

Zutaten für 4 Portionen

- 1 ½ kg Brathähnchen (1 Brathähnchen)
- Salz-
- Pfeffer
- 1 EL Honig
- 4 EL Sojasauce
- 1 TL Curry
- 8 th Schalotten
- 2 Knoblauchknollen
- 600 g kleine Kartoffeln
- 1 Rosmarin der Bundesregierung

Vorbereitung

Küchengeräte

1 Grillspieß, 1 Aluminium-Grillschale

Vorbereitungsschritte

1.   Das Huhn waschen, trocken tupfen und innen mit Salz und Pfeffer würzen. Zieh einen Spieß an. Mischen Sie den Honig, die Sojasauce und das Curry und bürsten Sie das Huhn damit.
2.   Schalotten schälen und Knoblauch quer halbieren.
3.   Kartoffeln waschen und in Keile schneiden. In eine Grillschale mit Rosmarinzweigen, Salz und Pfeffer legen. Grillen Sie das Huhn und legen Sie das Gemüse darunter. 1 Stunde grillen. Das Gemüse mehrmals umrühren.

Lachskotelett auf Kohlrabi-Salat mit Fenchel und Brunnenkresse

Vorbereitung:

25 min

Kalorien:

243 kcal

Ernährungswerte

1 Portion enthält

(Anteil des Tagesbedarfs in Prozent)

- Kalorien 243 kcal (12%)
- Protein 27 g (28%)
- Fett 10 g (9%)
- Kohlenhydrate 9 g (6%)
- zugesetzter Zucker 3 g (12%)
- Faser 5,5 g (18%)

Zutaten für 2 Portionen

- 1 kleine Schalotte
- 200 g kleiner Kohlrabi (1 kleiner Kohlrabi)
- 200 g kleine Fenchelknolle (1 kleine Fenchelknolle)
- 50 g Brunnenkresse
- 200 g dünnes Lachskotelett (2 dünne Lachskoteletts)
- Pfeffer
- 4 TL Olivenöl
- Salz-
- 3 EL Apfelessig
- ½ TL Senf
- 1 TL flüssiger Honig

Vorbereitung

Küchengeräte

1 Arbeitsbrett, 1 Schneebesen, 1 beschichtete Pfanne, 1 kleine Schüssel, 1 Schüssel, 1 Esslöffel, 1 Teelöffel, 1 kleines Messer, 1 feines Sieb, 1 Küchenpapier, 1 Spatel, 1 Salatbesteck

Vorbereitungsschritte

1.   Schalotten schälen und fein würfeln. In ein feines Sieb geben und mit kochendem Wasser anbrühen.

2.   Kohlrabi schälen und reinigen, Fenchel waschen und reinigen. Schneiden Sie beide in kleine Würfel.

3.   Brunnenkresse waschen und trocken schütteln, nach Wunsch in mundgerechte Stücke schneiden.

4.   Lachsschnitzel abspülen, trocken tupfen, mit Pfeffer würzen.

5.   2 Teelöffel Öl in einer beschichteten Pfanne erhitzen. Die Lachskoteletts auf jeder Seite 3-4 Minuten braten und leicht salzen.

6.   Mischen Sie Essig, Senf, Honig und restliches Öl in einer kleinen Schüssel. Kohlrabi, Fenchel, Schalotte und Brunnenkresse mit der Sauce mischen. Mit den Lachsschnitzeln servieren.

Gurken- Radieschen- Salat mit Feta

Vorbereitung:

15 Minuten

Kalorien:

273 kcal

Ernährungswerte

1 Portion enthält

(Anteil des Tagesbedarfs in Prozent)

- Kalorien 273 kcal (13%)
- Protein 10 g (10%)
- Fett 23 g (20%)
- Kohlenhydrate 7 g (5%)
- Zucker hinzugefügt 1 g (4%)
- Faser 2,8 g (9%)

Zutaten für 4 Portionen

- 1 ½ Gurken
- 1 Rettich der Bundesregierung
- 1 Rakete der Bundesregierung (80 g)
- 4 th Cornichons
- 200 g Feta
- 4 EL Olivenöl
- 3 EL Zitronensaft
- 1 TL Senf
- 1 TL Honig
- Salz-
- Pfeffer

Vorbereitung

Küchengeräte

1 Arbeitsbrett, 1 großes Messer, 1 Salatschüssel

Vorbereitungsschritte

1. Gurke und Radieschen putzen, waschen und in dünne Scheiben schneiden. Waschen Sie die Rakete und schütteln Sie sie trocken. Die Gurken längs halbieren und in Scheiben schneiden. Den Feta zerbröckeln.
2. Für das Dressing das Öl mit Zitronensaft, Senf und Honig verquirlen, mit Salz und Pfeffer würzen. Gurken-, Radieschen- und eingelegte Gurkenscheiben mischen und mit dem Dressing mischen. Auf den Teller legen und mit Feta und Rucola bestreuen.

Vegan Tomate Verbreitung

Vorbereitung:

15 Minuten

Kalorien:

139 kcal

Ernährungswerte

1 Portion enthält

(Anteil des Tagesbedarfs in Prozent)

- Kalorien 139 kcal (7%)
- Protein 5 g (5%)
- Fett 10 g (9%)
- Kohlenhydrate 8 g (5%)
- zugesetzter Zucker 0 g (0%)
- Faser 1,9 g (6%)

Zutaten für 6 Portionen

- 100 g getrocknete Tomate in Öl
- 100 g Sonnenblumenkerne
- 3 EL Olivenöl
- 1 Handvoll Basilikum
- 1 Prise Rohrohrzucker
- Salz-
- Pfeffer

Vorbereitung

Küchengeräte

1 Stabmixer, 1 Sieb, 1 großes Gefäß

Vorbereitungsschritte

1.　　Die Tomaten in einem Sieb leicht abtropfen lassen und grob schneiden. Legen Sie die Tomaten in einen hohen Behälter und pürieren Sie sie zusammen mit den Sonnenblumenkernen, Olivenöl und 4 Esslöffeln Wasser.

2.　　Basilikum waschen, trocken schütteln und Blätter fein hacken. Das Basilikum zum Tomatenaufstrich geben und einrühren.

3.　　Den Tomatenaufstrich mit rohem Rohrzucker, Salz und Pfeffer würzen. Der Tomatenaufstrich kann 4-5 Tage luftdicht im Kühlschrank aufbewahrt werden.

Karottencremesuppe mit Nusscroutons

Vorbereitung:

20 Minuten

fertig in 35 min

Kalorien:

367 kcal

Ernährungswerte

1 Portion enthält

(Anteil des Tagesbedarfs in Prozent)

- Kalorien 367 kcal (17%)
- Protein 7 g (7%)
- Fett 15 g (13%)

- Kohlenhydrate 51 g (34%)
- zugesetzter Zucker 0 g (0%)
- Faser 10 g (33%)

Zutaten für 4 Portionen

- 500 g Karotten
- 400 g Süßkartoffeln
- 1 scharfer Apfel
- 1 Zwiebel
- 2 Knoblauchzehen
- 30 g Ingwer
- 3 EL Olivenöl
- 400 ml Kokosmilch (Dose)
- 3 TL Currypulver
- 1 Prise Zimt
- Salz-
- Pfeffer
- 2 Vollkornbrotscheiben
- 3 EL Walnusskerne
- 2 EL Limettensaft

Vorbereitung

Küchengeräte

1 Messer, 1 Topf, 1 Stabmixer

Vorbereitungsschritte

1.   Karotten waschen und hacken. Süßkartoffel und Apfel waschen, schälen und schneiden. Zwiebel, Knoblauch und Ingwer schälen und würfeln.

2.   1 Esslöffel Öl in einem Topf erhitzen. Zwiebel, Knoblauch und Ingwer hinzufügen und bei mittlerer Hitze 2-3 Minuten köcheln lassen. Karotten, Süßkartoffeln und Apfel dazugeben und 2 Minuten anbraten.

3.   Kokosmilch umrühren und 4 Esslöffel zum Garnieren beiseite stellen. Gießen Sie die Karottenmischung mit der restlichen Kokosmilch und 500 ml Wasser. Karottensuppe mit Curry, Zimt, Salz und Pfeffer würzen, zum Kochen bringen und bei schwacher Hitze 15 Minuten köcheln lassen.

4.   In der Zwischenzeit das Brot würfeln und die Walnüsse grob hacken. Das restliche Öl in einer Pfanne erhitzen. Fügen Sie Brotwürfel und Walnüsse hinzu und braten Sie sie 3-4 Minuten lang, bis sie knusprig sind.

5.   Die Karottensuppe fein pürieren. Mit Salz, Pfeffer und Limettensaft abschmecken. Die Karottensuppe mit der beiseite gestellten Kokosmilch garnieren und mit Nusscroutons bestreuen.

Apfelkompott

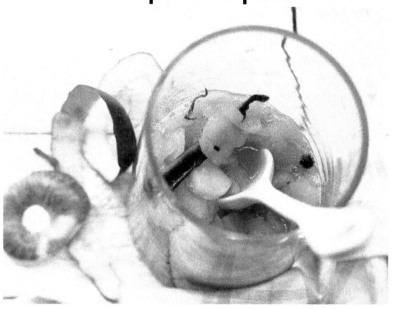

Vorbereitung:

25 min

fertig in 2 h 25 min

Kalorien:

200 kcal

Ernährungswerte

1 Portion enthält

(Anteil des Tagesbedarfs in Prozent)

- Kalorien 200 kcal (10%)
- Protein 1 g (1%)
- Fett 0 g (0%)
- Kohlenhydrate 48 g (32%)
- zugesetzter Zucker 11,3 g (45%)
- Faser 4 g (13%)

Zutaten für 4 Portionen

- 800 g Tortenäpfel (4 Tortenäpfel)
- 50 g Kokosblütenzucker
- 1 Pol Zimt
- 3 Pimentkörner
- 200 ml

Vorbereitung

Küchengeräte

1 Topf, 1 Messbecher, 1 Arbeitsbrett, 1 großes Messer, 1 Holzlöffel, 1 Schäler, 1 Kernschneider

Vorbereitungsschritte

1.	Schälen Sie die Äpfel und entkernen Sie sie mit einem Kernschneider oder halbieren Sie die Äpfel und schneiden Sie den Kern mit einem Messer aus.
2.	Die Äpfel vierteln und in Scheiben oder grobe Würfel schneiden.
3.	Kokosblütenzucker in einem Topf bei mittlerer Hitze hellbraun schmelzen (karamellisieren).
4.	Fügen Sie Zimt und Piment hinzu. Gießen Sie den Apfelsaft ein und bringen Sie ihn unter Rühren zum Kochen, bis sich das Karamell aufgelöst hat. Fügen Sie die Äpfel hinzu und kochen Sie sie abgedeckt bei schwacher Hitze etwa 12 Minuten lang unter gelegentlichem Rühren. Dann das Apfelkompott in eine Schüssel geben und abkühlen lassen.
5.

Pilzsalat mit Knoblauch, Zucchini und Feta

Vorbereitung:

30 Minuten

fertig in 40 min

Kalorien:

258 kcal

Ernährungswerte

1 Portion enthält

(Anteil des Tagesbedarfs in Prozent)

- Kalorien 258 kcal (12%)
- Protein 17 g (17%)
- Fett 18 g (16%)
- Kohlenhydrate 7 g (5%)
- zugesetzter Zucker 0 g (0%)
- Faser 5,1 g (17%)

Zutaten für 6 Portionen

- 600 g gemischte frische Pilze Pfifferlinge, Champignons, Steinpilze
- 2 Zucchini
- 3 rote Knoblauchzehen
- 1 Schalotte
- 3 Frühlingszwiebeln
- 1 Schnittlauch der Bundesregierung
- 2 EL Olivenöl
- 2 EL weißer Balsamico-Essig
- S alt Pfeffer aus der Mühle
- 200 g gewürfelter Feta

Vorbereitung

Küchengeräte

1 Messer, 1 Arbeitsbrett, 1 Pfanne

Vorbereitungsschritte

1.   Die Pilze putzen und in Scheiben oder Stücke schneiden. Zucchini waschen, putzen, halbieren und ebenfalls in Scheiben schneiden. Knoblauch und Zwiebel schälen und fein würfeln. Frühlingszwiebeln und Schnittlauch waschen, trocken schütteln und in Ringe oder Brötchen schneiden.

2.   Das Öl in einer Pfanne erhitzen und die Pilze 3–4 Minuten unter Rühren anbraten. Zucchini, Zwiebel, Knoblauch und Frühlingszwiebeln dazugeben und kurz anbraten. Vom Herd nehmen und kurz abkühlen lassen. Den Essig mit dem Schnittlauch mischen, mit Salz und Pfeffer würzen und zusammen mit dem gewürfelten Feta unter den Salat mischen. Lauwarm servieren.

Gedämpftes Fischfilet auf Gemüsebett

Vorbereitung:

25 min

Kalorien:

100 kcal

Ernährungswerte

1 Portion enthält

(Anteil des Tagesbedarfs in Prozent)

- Kalorien 100 kcal (5%)
- Protein 13 g (13%)
- Fett 2 g (2%)
- Kohlenhydrate 5 g (3%)
- zugesetzter Zucker 0 g (0%)
- Faser 6 g (20%)

Zutaten für 1 Portion

- 1 Schalotte
- ½ Knolle Fenchel
- 60 g kleine Karotten (1 kleine Karotte)
- 3 EL klassische Gemüsebrühe
- Salz-
- Pfeffer
- 70 g Pangasiusfilet (vorzugsweise Bio- Pangasius)
- 2 Stängel flache Petersilie
- ½ kleine Limette

Vorbereitung

Küchengeräte

1 Arbeitsbrett, 1 kleines Messer, 1 Schäler, 1 Esslöffel, 1 beschichtete Pfanne mit Deckel, 1 Holzlöffel, 1 großes Messer, 1 Zitronenpresse, 1 Palette oder Spatel

Vorbereitungsschritte

1.   Schalotten schälen und fein würfeln.

2.   Fenchel und Karotte putzen und waschen, Karotte dünn schälen. Schneiden Sie beide Gemüse in schmale Stangen.

3.   Die Brühe in einer beschichteten Pfanne erhitzen. Schalotte, Fenchel und Karotte dazugeben und ca. 3 Minuten kochen lassen. Mit Salz und Pfeffer abschmecken.

4.   Das Fischfilet abspülen, trocken tupfen, leicht salzen und auf das Gemüse legen. Abdecken und bei schwacher Hitze 8-10 Minuten kochen lassen.

5.   In der Zwischenzeit die Petersilie waschen, trocken schütteln, die Blätter zupfen und mit einem großen Messer fein hacken.

6.   Eine halbe Limette auspressen und den Saft nach Belieben über den Fisch träufeln. Nach Belieben pfeffern, mit Petersilie bestreuen und servieren.

Gegrillter Fenchel

Vorbereitung:

15 Minuten

Kalorien:

92 kcal

Ernährungswerte

1 Portion enthält

(Anteil des Tagesbedarfs in Prozent)

- Kalorien 92 kcal (4%)
- Protein 4 g (4%)
- Fett 6 g (5%)
- Kohlenhydrate 8 g (5%)
- zugesetzter Zucker 0 g (0%)
- Faser 5 g (17%)

-

Zutaten für 4 Portionen

- 4 th Fenchelknollen
- 2 EL Olivenöl
- 1 Zweig Rosmarin
- Salz-
- Pfeffer aus der Mühle

Vorbereitung

Küchengeräte

1 Messer, 1 Arbeitsbrett, 1 Grill

Vorbereitungsschritte

1.   Reinigen und waschen Sie das Fechel und schneiden Sie es der Länge nach in Scheiben. Auf einen Tisch oder Holzkohlegrill legen und auf jeder Seite 2-3 Minuten grillen.

2.   Den Rosmarin zerreißen und zwischen die heißen Fenchelscheiben legen. Den Fenchel mit Olivenöl beträufeln und mit Salz und Pfeffer würzen. Sofort servieren.

Mexiko Schüssel mit Reis, Mais, Bohnen und Guacamole

Vorbereitung:

25 min

Kalorien:

482 kcal

Ernährungswerte

1 Portion enthält

(Anteil des Tagesbedarfs in Prozent)

- Kalorien 482 kcal (23%)
- Protein 14 g (14%)
- Fett 16 g (14%)
- Kohlenhydrate 69 g (46%)
- zugesetzter Zucker 0 g (0%)
- Faser 14,6 g (49%)

Zutaten für 4 Portionen

- 250 g reisgeeigneter brauner Reis
- Jodsalz mit Fluorid
- 2 Avocados
- 2 organische Limetten
- ½ rote Zwiebel
- 1 Chili Pfeffer
- ½ Bund Koriander (10 g)
- Pfeffer
- 250 g Kirschtomaten
- 1 gelber Pfeffer
- 200 g Mais (Dose; abgelassenes Gewicht)
- 200 g Kidneybohnen (Dose; abgelassenes Gewicht)

Vorbereitung

Küchengeräte

1 Topf, 1 Messer, 1 Sieb

Vorbereitungsschritte

1.   Für den Reis 500 ml Wasser mit fast ½ Teelöffel Salz zum Kochen bringen. Fügen Sie den natürlichen Reisreis hinzu und rühren Sie ihn einmal um. Bei schwacher Hitze in einem geschlossenen Topf 8-10 Minuten köcheln lassen, bis der Reis das

Wasser aufgenommen hat. Lösen Sie dann den Reis kurz im Topf und rühren Sie ihn noch einige Male auf dem ausgeschalteten Herd um. Lassen Sie ihn dann 10 Minuten lang abkühlen.

2.   In der Zwischenzeit für die Guacamole die Avocados halbieren, den Stein entfernen, das Fruchtfleisch mit einem Löffel aus der Schale heben, in eine Schüssel geben und mit einer Gabel grob zerdrücken. Spülen Sie die Limetten heiß ab und drücken Sie den Saft aus einer Limette. Den Limettensaft über das Avocado-Fruchtfleisch träufeln. Zwiebel schälen und sehr fein würfeln. Die Chilis längs halbieren, den Kern entfernen, waschen und fein hacken. Den Koriander waschen, trocken schütteln und die Blätter fein hacken. Die Hälfte der Zwiebel, Chili und ¾ des Koriandergrüns mit der Avocado mischen und mit Salz und Pfeffer würzen.

3.   Tomaten waschen und vierteln. Den Pfeffer halbieren, entkernen, waschen und würfeln. Mais und Bohnen in einem Sieb abspülen und abtropfen lassen. Dann den Reis und die vorbereiteten Zutaten in vier Schalen anrichten. Mit Guacamole belegen und mit dem Rest des Korianders bestreuen. Den Rest der Limette vierteln und mit der Schüssel servieren.

Quinoa-Quark-Auflauf mit Obstsalat

Vorbereitung:

30 Minuten

fertig in 1 h 10 min

Kalorien:

482 kcal

Ernährungswerte

1 Portion enthält

(Anteil des Tagesbedarfs in Prozent)

- Kalorien 482 kcal (23%)
- Protein 27 g (28%)
- Fett 7 g (6%)
- Kohlenhydrate 73 g (49%)
- zugesetzter Zucker 10 g (40%)
- Faser 7,5 g (25%)

Zutaten für 4 Portionen

- 150 g Quinoa
- 100 ml Milch (1,5% Fett)
- 400 g Orangen (2 Orangen; 1 davon biologisch)
- 2 Eier
- 20 g brauner Rohrzucker (1 EL)
- 500 g fettarmer Quark
- ½ TL Zimt
- ½ TL gemahlener Ingwer
- flüssiger Süßstoff (nach Belieben)
- 1 tsp Keimöl
- 2 EL Rosinen
- 2 Kiwis
- 200 g Äpfel (1 Apfel)
- 400 g Bananen (2 Bananen)

Vorbereitung

Küchengeräte

1 Sieb, 1 Messbecher, 1 Topf mit Deckel, 1 feine Reibe, 1 großes Gefäß, 1 Handmixer, 1 Esslöffel, 1 Teelöffel, 1 Holzlöffel, 1 Auflaufform (ca. 1,5 l Inhalt), 1 Pinsel, 1 Arbeit Brett, 1 kleines Messer, 1 Schüssel

Vorbereitungsschritte

1.   Quinoa in ein Sieb geben, mit heißem Wasser abspülen und abtropfen lassen. Mit 200 ml Wasser und der Milch in einem Topf zum Kochen bringen und bei schwacher Hitze 15 Minuten kochen lassen. Abdecken und weitere 5 Minuten auf dem ausgeschalteten Herd einweichen lassen. Dann im offenen Topf abkühlen lassen.

2.   Während die Quinoa kocht, die Bio-Orange mit heißem Wasser waschen, trocken reiben und etwa ¼ der Schale fein reiben.

3.   Trennen Sie die Eier und legen Sie das Eiweiß in einen hohen Behälter. Mit dem Schneebesen des Handmixers steif schlagen und den Zucker allmählich eintropfen lassen.

4.   Quark und Eigelb mit der Quinoa mischen. Mit geriebener Orangenschale, Zimt und Ingwer würzen. Das geschlagene Eiweiß unterheben und nach Belieben mit Süßstoff abschmecken.

5.   Eine flache Auflaufform (ca. 1,5 l Fassungsvermögen) mit dem Öl einfetten und die Quinoa-Quark-Mischung einfüllen. Im vorgeheizten Backofen bei 200 ° C (Konvektion 180 ° C, Gas: Stufe 3) ca. 30 Minuten backen.

6.   In der Zwischenzeit beide Orangen so dick schälen, dass alles Weiß entfernt wird. Schneiden Sie die Fruchtfilets zwischen den Trennmembranen aus und sammeln Sie den Saft in einer Schüssel. Fügen Sie die orange Filets hinzu. Die Rosinen grob hacken und ebenfalls in die Schüssel geben.

7.   Die Kiwis schälen, halbieren und in Keile schneiden. Den Apfel waschen, trocken reiben, vierteln, entkernen und ebenfalls in feine Keile schneiden. Falten Sie beide unter die orange Filets.

8.   Die Bananen schälen, in Scheiben schneiden, in die Schüssel geben und ca. 10 Minuten ruhen lassen. Den Obstsalat mit dem Quinoa-Quark-Auflauf servieren.

Gemischte Blattsalate mit Avocado und rasiertem Pecorino

Vorbereitung:

25 min

Kalorien:

257 kcal

Ernährungswerte

1 Portion enthält

(Anteil des Tagesbedarfs in Prozent)

- Kalorien 257 kcal (12%)
- Protein 3 g (3%)
- Fett 25 g (22%)
- Kohlenhydrate 3 g (2%)
- Zucker hinzugefügt 1 g (4%)
- Faser 2 g (7%)

Zutaten für 4 Portionen

- 150 g römisches Salatherz (1 römisches Salatherz)
- 150 g kleiner Radicchio (1 kleiner Radicchio)
- 1 Limette
- 1 EL Ahornsirup
- fleur de sel
- Pfeffer
- 6 EL Olivenöl
- 1 reife Avocado
- 2 Stängel Basilikum
- 30 g Pecorino (1 Stück)

Vorbereitung

Küchengeräte

1 Zitronenpresse, 1 Salatschleuder, 1 Arbeitsbrett, 1 großes Messer, 1 kleines Messer, 1 Esslöffel, 1 grobe Reibe, 1 kleine Schüssel, 1 kleiner Schneebesen, 1 Schüssel

Vorbereitungsschritte

1.   Die Salate reinigen, waschen und schleudern. Die Blätter nach Belieben in Scheiben schneiden und in eine Schüssel geben.

2.   Die Limette halbieren und auspressen.

3.   Für die Vinaigrette Limettensaft mit Ahornsirup, etwas Fleur de Sel und Pfeffer mischen. Das Olivenöl mit einem Schneebesen schlagen.

4.   Die Avocado schälen und halbieren, den Stein entfernen und das Fruchtfleisch der Länge nach in dünne Scheiben schneiden.

5.   Basilikum waschen, trocken schleudern und die Blätter zupfen. Schneiden Sie die Blätter in feine Streifen.

6.   Die Hälfte der Vinaigrette über den Salat träufeln. Vorsichtig mischen und auf 4 Tellern servieren.

7.   Gießen Sie die restliche Salatsauce über die Avocado-Scheiben und servieren Sie die Scheiben mit dem Salat.

8.   Gießen Sie das Basilikum darüber und reiben Sie den Käse darüber.

Avocado und Min Eis mit Schokolade

Vorbereitung:

15 Minuten

fertig in 2 h 15 min

Kalorien:

368 kcal

Ernährungswerte

1 Portion enthält

(Anteil des Tagesbedarfs in Prozent)

- Kalorien 368 kcal (18%)
- Protein 4 g (4%)
- Fett 31 g (27%)
- Kohlenhydrate 20 g (13%)
- zugesetzter Zucker 14 g (56%)
- Faser 5,7 g (19%)

- 400 ml Kokosmilch (Dose)
- 3 reife Avocados
- 10 g Minze (0,5 Bund)
- 2 EL Zitronensaft
- 50 g Agavensirup

Vorbereitung

Küchengeräte

1 große Schüssel, 1 Handmixer, 1 Messer, 1 Stabmixer, 1 Schachtel Backform

Vorbereitungsschritte

1.   Öffnen Sie die Kokosmilch und löffeln Sie den festen Teil oben aus - schütteln Sie die Dose nicht vorher - und legen Sie sie in eine große Schüssel. Schlagen Sie die feste Kokosmilch mit einem Handmixer schaumig und gießen Sie sie dann in eine Kuchen- oder Auflaufform.

2.   Die Avocados halbieren, die Gruben entfernen, das Fruchtfleisch entfernen und in einen Mixer geben. Die Minze waschen, trocken schütteln und die Blätter zupfen. Das Avocado-Fruchtfleisch mit Zitronensaft, Agavensirup und Minze zu einer cremigen und glatten Masse pürieren.

3.   Die Avocadomischung auf die schaumige Kokoscreme geben, mit Schokoladentropfen bestreuen und die Mischung vorsichtig aber gleichmäßig mischen. Die Oberfläche der Masse sollte relativ glatt sein.

4.   Legen Sie Frischhaltefolie auf die Eismasse und drücken Sie sie vorsichtig nach unten, damit sich keine Luft zwischen der Folie und der Eismasse befindet. Stellen Sie das Eis mindestens 2 Stunden lang in den Gefrierschrank.

5.   Kurz auftauen lassen und genießen.

Süßkartoffel und Rettich Pfanne mit Granatapfelkernen

Vorbereitung:

30 Minuten

Kalorien:

272 kcal

Ernährungswerte

1 Portion enthält

(Anteil des Tagesbedarfs in Prozent)

- Kalorien 272 kcal (13%)
- Protein 4 g (4%)
- Fett 4 g (3%)
- Kohlenhydrate 52 g (35%)
- zugesetzter Zucker 0 g (0%)
- Faser 7,7 g (26%)

Zutaten für 4 Portionen

- 800 g Süßkartoffeln (2 Stück)
- 20 g Ingwer
- 1 Rettich der Bundesregierung
- 1 EL Sesamöl
- ¼ TL gemahlener Kreuzkümmel
- ¼ TL gemahlener Koriander
- 1 Limette
- ½ Granatapfel
- 1 Koriandergrün der Bundesregierung (20 g)
- Salz-
- Pfeffer

Vorbereitungsschritte

1.   Die Süßkartoffeln schälen und in 1–1,5 cm große Würfel schneiden. Ingwer schälen und hacken. Radieschen reinigen, waschen und in Scheiben schneiden.

2.   Das Öl in einer großen Antihaftpfanne erhitzen. Ingwer hinzufügen und 1–2 Minuten bei mittlerer Hitze anbraten. Die Süßkartoffelwürfel dazugeben und bei mittlerer Hitze ca. 7–8 Minuten köcheln lassen.

3.   Kreuzkümmel und Koriander hinzufügen und 2 Minuten köcheln lassen. Dann die Radieschen dazugeben und weitere 2-3 Minuten kochen lassen.

4.   In der Zwischenzeit die Limette halbieren und den Saft auspressen. Den Granatapfel halbieren und die Steine von den Früchten entfernen. Koriander waschen, trocken schütteln und Blätter entfernen.

5.   Süßkartoffeln mit Limettensaft ablöschen und mit Salz und Pfeffer würzen. Mit Granatapfelkernen und Koriander bestreut servieren.

Keto-Gemüsecurry mit Blumenkohlreis

Schwierigkeit:

Licht

Vorbereitung:

40 min

Kalorien:

381 kcal

Ernährungswerte

1 Portion enthält

(Anteil des Tagesbedarfs in Prozent)

- Kalorien 381 kcal (18%)

- Protein 14 g (14%)
- Fett 32 g (28%)
- Kohlenhydrate 9 g (6%)
- zugesetzter Zucker 0 g (0%)
- Faser 5 g (17%)

Zutaten für 4 Portionen

- 1 Schalotte
- 1 Knoblauchzehe
- 10 g Ingwer (1 Stück)
- 300 g Aubergine (1 Aubergine)
- 200 g Babyspinat
- 150 g Tofu
- 2 EL Kokosöl
- 1 TL Kurkumapulver
- 1 TL Garam Masala
- 1 TL Currypulver
- 150 ml Gemüsebrühe
- 300 ml Kokosmilch
- 2 EL Limettensaft
- Salz-
- Pfeffer
- 30 g Erdnusskern
- 10 g Koriandergrün (0,5 Bund)
- 1 Chili Pfeffer
- 200 g Blumenkohl
- 1 EL Erdnussöl

Vorbereitung

Küchengeräte

1 Messer, 1 Arbeitsbrett, 1 Salatschleuder, 1 Topf, 1 Küchenmaschine, 1 Pfanne

Vorbereitungsschritte

1. Schalotte, Knoblauch und Ingwer schälen und fein hacken. Die Aubergine waschen und reinigen und in Würfel

schneiden. Den Spinat waschen und trocken schleudern. Den Tofu abtropfen lassen und in Würfel schneiden.

2.   Kokosöl in einem Topf erhitzen. Darin Schalotte, Knoblauch und Ingwer anbraten. Fügen Sie die Auberginenwürfel und den Tofu hinzu und braten Sie sie, dann fügen Sie das Kurkumapulver, Garam Masala und das Currypulver hinzu. Fügen Sie den Spinat hinzu und lassen Sie ihn zusammenfallen. Gießen Sie die Gemüsebrühe darauf und bringen Sie sie kurz zum Kochen. Kokosmilch einfüllen und bei mittlerer Hitze ca. 10 Minuten kochen lassen. Mit 1 EL Limettensaft, Salz und Pfeffer würzen .

3.   In der Zwischenzeit die Erdnüsse grob hacken. Koriander waschen, trocken schütteln und grob hacken. Den Chilipfeffer waschen und reinigen und in feine Ringe schneiden.

4.   Den Blumenkohl waschen, in Röschen schneiden und in einer Küchenmaschine auf die Größe eines Reiskorns hacken. Das Erdnussöl in einer Pfanne erhitzen und den Blumenkohlreis bei mittlerer Hitze unter Rühren etwa 5 Minuten braten. Mit dem restlichen Limettensaft, Salz und Pfeffer würzen.

5.   Den Blumenkohlreis in 4 Schalen teilen und mit dem Keto- Gemüsecurry belegen. Alles mit Erdnüssen, Koriander und Chiliringen bestreuen und servieren.

Süße Kartoffel Toast mit Hummus und Rote Bete

Vorbereitung:

20 Minuten

Kalorien:

415 kcal

Ernährungswerte

1 Portion enthält

(Anteil des Tagesbedarfs in Prozent)

- Kalorien 415 kcal (20%)
- Protein 13 g (13%)
- Fett 13 g (11%)
- Kohlenhydrate 61 g (41%)

- zugesetzter Zucker 0 g (0%)
- Faser 11,5 g (38%)

Zutaten für 2 Portionen

- 300 g Süßkartoffeln (1 kleine Süßkartoffel)
- 1 kleine Knoblauchzehe
- 200 g Kichererbsen (Dose; abgelassenes Gewicht)
- 1 EL Olivenöl
- 1 EL Tahini (Sesampaste)
- 1 Spritzer Zitronensaft
- ½ TL gemahlener Kreuzkümmel
- ½ TL rosarotes Paprikapulver
- Salz-
- Pfeffer
- 1 kleine Rote-Bete-Knolle (100 g)
- 40 g Babyspinat
- 1 TL Schwarzkümmel

Vorbereitung

Küchengeräte

1 Stabmixer

Vorbereitungsschritte

1.　　Die Süßkartoffel schälen, waschen und in 4–6 Scheiben schneiden. Backen Sie die Scheiben in einem auf 200 ° C vorgeheizten Ofen (Heißluftofen 180 ° C; Gas: Stufe 3) etwa 8–10 Minuten lang.

2.   In der Zwischenzeit den Knoblauch für den Hummus schälen. Die Kichererbsen abspülen, abtropfen lassen und 150 g Kichererbsen mit Knoblauch, Öl, Tahini, Zitronensaft, Kreuzkümmel, Paprikapulver und 2 EL Wasser mit einem Stabmixer fein pürieren . Mit Salz und Pfeffer abschmecken.

3.   Rote Beete schälen, waschen und fein reiben. Den Spinat waschen und trocken tupfen.

4.   Die Süßkartoffelscheiben aus dem Ofen nehmen, mit Hummus bestreichen und mit Rote Beete und Spinat belegen. Mit Schwarzkümmel bestreut servieren.

Mit verschiedenem Gemüse schmoren

Vorbereitung:

35 min

fertig in 50 min

Kalorien:

126 kcal

Ernährungswerte

1 Portion enthält

(Anteil des Tagesbedarfs in Prozent)

- Kalorien 126 kcal (6%)
- Protein 8 g (8%)
- Fett 7 g (6%)
- Kohlenhydrate 7 g (5%)

- zugesetzter Zucker 0 g (0%)
- Faser 5 g (17%)

Zutaten für 4 Portionen

- 1 Zwiebel
- 2 Knoblauchzehen
- 100 g Karotten
- 100 g Selleriewurzel
- 200 g Wirsing
- 100 g Zucchini
- 100 g Pilze
- 1 Basilikum der Bundesregierung (20 g)
- ½ Bund Petersilie (10 g)
- 2 Zweige Oregano
- 2 Tomaten
- 1 EL Olivenöl
- 1 l Gemüsebrühe
- 1 Lorbeerblatt
- 50 g Parmesan
- Salz-
- Pfeffer

Vorbereitung

Küchengeräte

1 Messer, 1 Topf, 1 Arbeitsbrett

Vorbereitungsschritte

1.   Zwiebel und Knoblauch schälen, fein hacken. Die Karotte schälen und in dünne Scheiben schneiden, den Sellerie putzen, fein würfeln, den Wirsing kühlen, waschen und in breite Streifen schneiden, die Zucchini putzen, waschen und in dünne Scheiben schneiden. Die Pilze putzen, in feine Blätter schneiden. Kräuter waschen, trocken schütteln und fein hacken. Tomaten mit heißem Wasser anbrühen, mit kaltem Wasser abspülen, die Haut abziehen, fein würfeln.

2.   Das Öl in einem Topf erhitzen, die Zwiebel und den Knoblauch anbraten, mit der Brühe ablöschen und das Lorbeerblatt hinzufügen. Karotten und Sellerie hinzufügen, abgedeckt 5 Minuten kochen lassen, Wirsing und Pilze hinzufügen, weitere 4 Minuten köcheln lassen. Tomaten und Zucchini dazugeben und 3 Minuten köcheln lassen.

3.   Den Parmesan reiben. Vor dem Servieren den Eintopf mit Gemüse mit Salz und Pfeffer würzen, mit Kräutern und Parmesan bestreuen.

Sommer Obstsalat

Vorbereitung:

20 Minuten

Kalorien:

253 kcal

Ernährungswerte

1 Portion enthält

(Anteil des Tagesbedarfs in Prozent)

- Kalorien 253 kcal (12%)
- Protein 4 g (4%)
- Fett 1 g (1%)
- Kohlenhydrate 53 g (35%)

- zugesetzter Zucker 0 g (0%)
- Faser 7,9 g (26%)

Zutaten für 4 Portionen

- 1 Orange
- ½ Zitrone
- 1 Papaya
- 1 Mango
- 200 g Honigmelone (1 Stück)
- ½ Ananas
- 150 g Physalis
- 150 g Erdbeeren

Vorbereitung

Küchengeräte

1 Zitronenpresse, 1 Messer, 1 Arbeitsplatte

Vorbereitungsschritte

1.   Drücken Sie die Orangen- und Zitronenhälften aus. Papaya, Mango und die Hälfte der Ananas schälen.

2.   Papaya halbieren und entkernen und Fruchtfleisch hacken. Entfernen Sie den harten Stiel von der Ananas; Das Fruchtfleisch in 1 cm große Würfel schneiden. Schneiden Sie das Mangopulpe im Kern ab. Die Melone schälen und entkernen. Wirf beide Würfel.

3.   Physalis reinigen und waschen . Erdbeeren waschen und reinigen und halbieren oder vierteln. Mischen Sie die Früchte mit Orangen- und Zitronensaft in einer Schüssel und servieren Sie sie beispielsweise in kleinen Schalen

Käse Omelette mit Kräutern

Vorbereitung:

5 Minuten

fertig in 20 min

Kalorien:

335 kcal

Ernährungswerte

1 Portion enthält

(Anteil des Tagesbedarfs in Prozent)

- Kalorien 335 kcal (16%)
- Protein 21 g (21%)
- Fett 27 g (23%)
- Kohlenhydrate 3 g (2%)
- zugesetzter Zucker 0 g (0%)
- Faser 0,2 g (1%)

Zutaten für 4 Portionen

- 3 Stiele Kerbel
- 3 Stängel Basilikum
- 20 g Parmesan
- 1 Schalotte
- 8 th Eier
- 2 EL Crème Fraiche Käse
- 1 EL Butter
- 150 g Schafskäse
- Salz-
- Pfeffer

Vorbereitung

Küchengeräte

1 ofenfeste Pfanne, 1 Messer, 1 Reibe

Vorbereitungsschritte

1.   Kerbel und Basilikum waschen, trocken schütteln und grob hacken. Den Parmesan reiben. Schalotten schälen und fein würfeln. Die Eier mit Crème Fraîche , Parmesan, Kerbel und der Hälfte des Basilikums verquirlen.

2.   Die Butter in einer ofenfesten Pfanne schmelzen, die Schalotte darin braten, die Eier einfüllen und den Feta darüber streuen. Im vorgeheizten Backofen bei 200 ° C (Konvektion 180 ° C, Gas: Stufe 3) ca. 10 Minuten goldbraun backen.

3.   Aus dem Ofen nehmen, mit Salz, Pfeffer würzen und mit dem restlichen Basilikum bestreut servieren.

Hirse Taboulé mit Joghurtcreme

Vorbereitung:

30 Minuten

Kalorien:

597 kcal

Ernährungswerte

1 Portion enthält

(Anteil des Tagesbedarfs in Prozent)

- Kalorien 597 kcal (28%)
- Protein 18 g (18%)
- Fett 23 g (20%)
- Kohlenhydrate 78 g (52%)
- zugesetzter Zucker 0 g (0%)
- Faser 9,5 g (32%)

Zutaten für 4 Portionen

- 600 ml Gemüsebrühe
- 375 g Hirse
- 30 g Erdnusskern (ungesalzen; 2 EL)
- 1 rote Zwiebel
- 1 roter Pfeffer
- 1 grüner Pfeffer
- 1 gelber Pfeffer
- 3 EL Erdnussöl
- 5 g Koriander (0,25 Bund)
- 10 g Petersilie (0,5 Bund)
- 5 g Minze (0,25 Bund)
- 300 g Joghurt (3,5% Fett)
- 100 g saure Sahne
- Salz-
- Pfeffer
- 2 EL Zitronensaft

Vorbereitungsschritte

1.   Die Brühe in einem Topf erhitzen. Die Hirse in einem Sieb abspülen, in die Brühe geben und bei schwacher Hitze 10–15 Minuten einweichen lassen. Dann vom Herd nehmen und mit einer Gabel lösen.

2.   In der Zwischenzeit die Erdnüsse in einer Pfanne ohne Fett rösten, bis sie anfangen zu riechen. Entfernen und beiseite stellen.

3.   Zwiebel schälen und fein hacken. Paprika waschen, halbieren, entkernen und in feine Würfel schneiden.

4.   1 Esslöffel Öl in einer Pfanne erhitzen und Zwiebeln und Paprika 3–4 Minuten anbraten. Herausnehmen und abkühlen lassen.

5.   In der Zwischenzeit die Kräuter waschen, trocken schütteln und separat grob hacken. Koriander mit Joghurt und Sauerrahm mischen und mit Salz, Pfeffer und 1 Esslöffel Zitronensaft würzen.

6.   Petersilie und Minze mit Hirse, Nüssen, Zwiebeln, Paprika und dem restlichen Öl mischen. Mit Salz, Pfeffer und dem restlichen Zitronensaft würzen. Das Hirse-Taboulé auf 4 Tellern verteilen und mit der Joghurtcreme servieren.

Garnelensalat mit Melonenschnitzen

Vorbereitung:

30 Minuten

fertig in 1 h 20 min

Kalorien:

190 kcal

Ernährungswerte

1 Portion enthält

(Anteil des Tagesbedarfs in Prozent)

- Kalorien 190 kcal (9%)
- Protein 16 g (16%)
- Fett 6 g (5%)
- Kohlenhydrate 16 g (11%)
- zugesetzter Zucker 3 g (12%)
- Faser 3 g (10%)

Zutaten für 2 Portionen

- 125 g Garnelen (gefroren, ohne Schale)
- 70 g große rote Zwiebeln (1 große rote Zwiebel)
- 1 roter Chilipfeffer
- 1 Limette
- 1 EL Ahornsirup
- Salz-
- 1 TL Rapsöl
- ½ Melone (zB Charentais)
- 15 g gerösteter, gesalzener Erdnusskern (1 EL)
- ½ Bund Koriander

Vorbereitung

Küchengeräte

1 großer Teller, 1 Arbeitsbrett, 1 kleines Messer, 1 Zitronenpresse, 1 Esslöffel, 1 kleine Schüssel, 1 Schneebesen, 1 kleine Pfanne, 1 Holzlöffel, 1 Teelöffel, 1 großes Messer, 1 kleiner Topf mit Deckel, 1 Küchenpapier

Vorbereitungsschritte

1.   Tauen Sie die Garnelen auf einem großen Teller gemäß den Anweisungen auf der Packung auf.
2.   In der Zwischenzeit die Zwiebel schälen, einige kleine Ringe abschneiden und den Rest der Zwiebel fein würfeln.
3.   Den Chilipfeffer reinigen, waschen, halbieren und entkernen und sehr fein würfeln.
4.   Drücken Sie die Limette. Mischen Sie 2 Esslöffel Limettensaft mit Ahornsirup, 2 Esslöffel Wasser, Salz und Chili-Würfel in einer kleinen Schüssel.
5.   Ritzen Sie die aufgetauten Garnelen mit einem kleinen Messer entlang des Rückens ein und entfernen Sie die schwarzen Darmfäden.

6.   Garnelen abspülen und mit Küchenpapier trocken tupfen. Das Öl in einer kleinen Pfanne erhitzen und die Garnelen 3-4 Minuten braten.

7.   Mit den Zwiebelwürfeln noch warm in die Limetten- Chili- Sauce geben und 10 Minuten ziehen lassen (marinieren).

8.   In der Zwischenzeit die Melone mit einem Löffel entkernen, in 1 cm breite Keile schneiden und schälen.

9.   Die Erdnüsse mit einem großen Messer grob hacken. Mit den Garnelen mischen.

10.   Den Koriander abspülen, trocken schütteln, die Blätter abreißen, grob hacken, ebenfalls mit dem Garnelensalat mischen und mit Salz würzen. Den Salat mit den Melonenschnitzen auf Tellern anrichten, mit Zwiebelringen garnieren und servieren.

Käse- Lauch-Suppe mit Tofuwürfeln

Vorbereitung:

40 min

Kalorien:

433 kcal

Ernährungswerte

1 Portion enthält

(Anteil des Tagesbedarfs in Prozent)

- Kalorien 433 kcal (21%)
- Protein 21 g (21%)
- Fett 35 g (30%)
- Kohlenhydrate 8 g (5%)
- zugesetzter Zucker 0 g (0%)
- Faser 4 g (13%)

-

Zutaten für 4 Portionen

- 200 g Tofu
- 3 EL Sojasauce
- 2 EL Olivenöl
- 1 EL Essig
- 600 g Lauch
- 2 Knoblauchzehen
- 4 Zweige Thymian
- 2 EL Kokosöl
- 100 g Gouda
- 150 g Frischkäse
- 2 TL Senf

Vorbereitung

Küchengeräte

1 Messer, 1 Schüssel, 1 Topf, 1 Reibe, 1 beschichtete Pfanne

Vorbereitungsschritte

1.	Den Tofu in Würfel schneiden. Sojasauce, Öl und Essig zu einer Marinade mischen und die Tofuwürfel ca. 30 Minuten einweichen lassen.

2.	Den Lauch putzen, waschen und in feine Ringe schneiden, den Knoblauch schälen und fein hacken. Den Thymian waschen, trocken schütteln und die Blätter abholen.

3.	1 EL Kokosöl in einem Topf schmelzen und Lauch, Knoblauch und die Hälfte des Thymians 1–2 Minuten bei mittlerer Hitze anbraten. Mit 300 ml Wasser ablöschen und bei schwacher Hitze ca. 10 Minuten köcheln lassen.

4.	In der Zwischenzeit reibe Gouda. Frischkäse und Senf in die Suppe rühren.

5.	Den Rest des Kokosöls in einer Pfanne erhitzen und die Tofuwürfel bei mittlerer Hitze etwa 5 bis 7 Minuten braten.

6.	Den geriebenen Käse in die Suppe rühren, in 4 Schalen teilen und mit Tofuwürfeln und dem restlichen Thymian garniert servieren.

Zucchinisuppe
mit Pfifferlingen und Kartoffeln

Vorbereitung:

30 Minuten

fertig in 45 min

Kalorien:

265 kcal

Ernährungswerte

1 Portion enthält

(Anteil des Tagesbedarfs in Prozent)

- Kalorien 265 kcal (13%)
- Protein 6 g (6%)
- Fett 16 g (14%)

- Kohlenhydrate 23 g (15%)
- zugesetzter Zucker 0 g (0%)
- Faser 3,8 g (13%)

Zutaten für 4 Portionen

- 500 g Wachskartoffeln
- 300 g Zucchini
- 150 g frische Pfifferlinge
- 1 Zwiebel
- 1 Knoblauchzehe
- 2 EL Butter
- 750 ml Gemüsebrühe
- Salz-
- Pfeffer
- 100 g saure Sahne
- Muskatnuss
- 2 EL Olivenöl
- 2 Stängel Petersilie

Vorbereitung

Küchengeräte

1 Topf, 1 Stabmixer, 1 beschichtete Pfanne

Vorbereitungsschritte

1.   Kartoffeln schälen, waschen und in kleine, mundgerechte Stücke schneiden. Zucchini ebenfalls waschen und reinigen, längs halbieren und in schmale Scheiben schneiden. Pilze putzen und einreiben.

2.   Zwiebel und Knoblauch schälen, fein hacken und in einer Pfanne mit zerlassener Butter glasig dünsten. Kartoffeln und Zucchini dazugeben, kurz anbraten und mit der Brühe auffüllen. Salz, Pfeffer und bei mittlerer Hitze ca. 10 Minuten köcheln lassen.

3.   Die Hälfte des Gemüses herausnehmen, beiseite stellen, die Suppe pürieren, die saure Sahne und gegebenenfalls die Brühe einrühren und mit Muskatnuss würzen.

4.   Die Pilze rundum in einer heißen Pfanne mit 2 EL Öl anbraten. Den Rest des Gemüses wieder in die Suppe geben und kurz aufwärmen lassen. Petersilie waschen, trocken schütteln und grob hacken. Die Zucchinisuppe in Schalen teilen und mit Petersilie bestreut servieren.

Hühnchen- Zucchini- Salat mit Nüssen

Vorbereitung:

30 Minuten

Kalorien:

399 kcal

Ernährungswerte

1 Portion enthält

(Anteil des Tagesbedarfs in Prozent)

- Kalorien 399 kcal (19%)
- Protein 36 g (37%)
- Fett 26 g (22%)
- Kohlenhydrate 6 g (4%)
- zugesetzter Zucker 0 g (0%)
- Faser 4,1 g (14%)

Zutaten für 4 Portionen

- 3 Zucchini
- 500 g Hähnchenbrustfilet
- Salz-
- Pfeffer
- 4 EL Olivenöl
- ½ Bund Minze
- ½ Zitrone
- 80 g Pekannüsse

Vorbereitung

Küchengeräte

1 Messer, 1 Arbeitsbrett, 1 Pfanne, 1 Zitronenpresse

Vorbereitungsschritte

1.   Die Zucchini waschen und reinigen und in dünne Scheiben schneiden. Hähnchenfilet unter kaltem Wasser abspülen, trocken tupfen, mit Salz und Pfeffer würzen.

2.   2 Esslöffel Öl in einer Pfanne erhitzen. Braten Sie das Huhn darin bei mittlerer Hitze etwa 10 Minuten lang goldbraun an. Reduzieren Sie die Hitze und lassen Sie die Hähnchenbrustfilets kochen.

3.   Das restliche Öl in einer anderen Pfanne erhitzen. Zucchinischeiben bei mittlerer Hitze ca. 4 Minuten darin anbraten.

4.   Die Minze waschen, trocken schütteln und die Blätter zupfen. Halbe Zitronen auspressen.

5.   Das Huhn aus der Pfanne nehmen, auf Küchenpapier abtropfen lassen und in dünne Scheiben schneiden. Die Nüsse grob hacken und mit Zucchini, Huhn, Minze und Zitronensaft mischen. Mit Salz und Pfeffer würzen und in Schalen anrichten.

Gefülltes Omelett

Vorbereitung:

20 Minuten

fertig in 35 min

Kalorien:

250 kcal

Ernährungswerte

1 Portion enthält

(Anteil des Tagesbedarfs in Prozent)

- Kalorien 250 kcal (12%)
- Protein 19 g (19%)
- Fett 17 g (15%)
- Kohlenhydrate 5 g (3%)
- zugesetzter Zucker 0 g (0%)
- Faser 1,3 g (4%)

Zutaten für 4 Portionen

- 40 g Rakete (1 Handvoll)
- 300 g Kirschtomaten
- 10 g Schnittlauch (0,5 Bund)
- 8 th Eier
- 4 EL kohlensäurehaltiges Mineralwasser
- Salz-
- Pfeffer
- Muskatnuss
- 4 TL Sonnenblumenöl
- 150 g körniger Frischkäse

Vorbereitungsschritte

1.   Waschen Sie die Rakete und schleudern Sie sie trocken. Tomaten waschen und halbieren. Schnittlauch waschen, trocken schütteln und in Rollen schneiden.

2.   Eier mit Wasser und Schnittlauch verquirlen und mit Salz, Pfeffer und frisch geriebener Muskatnuss würzen.

3.   1 Teelöffel Sonnenblumenöl in einer beschichteten Pfanne erhitzen und 1/4 der Eimilch hinzufügen. Bei mittlerer Hitze 2 Minuten braten, wenden und in weiterer 2 Minuten fertig kochen. Im vorgeheizten Backofen bei 80 ° C herausnehmen und warm halten (Konvektion 60 ° C; Gas: niedrigste Einstellung). Auf diese Weise 3 weitere Omeletts backen.

4.   Omeletts auf 4 Teller legen und mit Frischkäse, Tomaten und Rucola füllen. Mit Salz und Pfeffer würzen und unterrühren.

Buchweizenpfannkuchen mit Blaubeeren

Vorbereitung:

20 Minuten

fertig in 50 min

Kalorien:

399 kcal

Ernährungswerte

1 Portion enthält

(Anteil des Tagesbedarfs in Prozent)

- Kalorien 399 kcal (19%)
- Protein 8,5 g (9%)
- Fett 7,5 g (6%)
- Kohlenhydrate 75,5 g (50%)
- zugesetzter Zucker 11 g (44%)
- Faser 7,4 g (25%)

Zutaten für 4 Portionen

- 300 ml Hafergetränk (Hafermilch)
- 150 g Kokosjoghurt
- 3 EL Reissirup
- 1 Prise
- Salz-
- 250 g Buchweizenmehl
- 2 TL Backpulver
- 300 g Blaubeeren (frisch oder gefroren)
- 2 EL Rapsöl
- 2 EL Ahornsirup

Vorbereitung

Küchengeräte

1 Schüssel, 1 Pfanne, 1 Schneebesen

Vorbereitungsschritte

1.   Das Hafergetränk mit Kokosjoghurt, Reissirup und einer Prise Salz verquirlen. Mehl mit Backpulver mischen und unter Rühren zur Joghurtmischung geben. Alles zu einem glatten Teig mischen und ca. 30 Minuten ruhen lassen.

2.   In der Zwischenzeit die Blaubeeren auftauen oder waschen und abtropfen lassen.

3.   Öl in einer Pfanne erhitzen. 2 Esslöffel Teig zu jedem Pfannkuchen geben, mit ein paar Blaubeeren bestreuen und auf beiden Seiten bei mittlerer Hitze jeweils 1–2 Minuten goldbraun braten. Auf diese Weise den gesamten Teig verbrauchen.

4.   Die Pfannkuchen auf 4 Teller stapeln, mit den restlichen Beeren bestreuen und mit Ahornsirup beträufeln

Gegrillte Kartoffeln und Speck - Spieße

Vorbereitung:

20 Minuten

fertig in 35 min

Kalorien:

705 kcal

Ernährungswerte

1 Portion enthält

(Anteil des Tagesbedarfs in Prozent)

- Kalorien 705 kcal (34%)
- Protein 12 g (12%)
- Fett 45 g (39%)
- Kohlenhydrate 61 g (41%)
- zugesetzter Zucker 0 g (0%)

- Faser 5,2 g (17%)

Zutaten für 4 Portionen

- 1 ½ kg gekochte, kleine neue Kartoffeln
- 2 Zwiebeln
- 150 g Putenschinken , in Scheiben geschnitten
- 4 EL Rapsöl
- Salz-
- Pfeffer aus der Mühle
- 2 Frühlingszwiebeln
- 2 EL Zitronensaft

Vorbereitung

Küchengeräte

1 Messer, 1 Arbeitsbrett, 8 Holzspieße, 1 Schüssel, 1 Grill

Vorbereitungsschritte

1. Kartoffeln halbieren. Zwiebeln schälen, vierteln und in einzelne Scheiben schneiden. Abwechselnd mit den Kartoffeln und den gefalteten Speckscheiben auf langen Holzspießen (vorzugsweise vorher eingeweicht). Mit Öl bestreichen, mit Salz und Pfeffer würzen und auf dem heißen Grill ca. 15 Minuten kochen, dabei regelmäßig wenden.
2. Die Frühlingszwiebeln waschen und reinigen und in Ringe schneiden. Mit dem restlichen Öl, Zitronensaft, Salz und Pfeffer mischen.
3. Nehmen Sie die Spieße vom Grill und servieren Sie sie mit der Frühlingszwiebelvinaigrette.

Gegrillte Zucchini Blumen mit Pecorino

Vorbereitung:

20 Minuten

fertig in 35 min

Kalorien:

146 kcal

Ernährungswerte

1 Portion enthält

(Anteil des Tagesbedarfs in Prozent)

- Kalorien 146 kcal (7%)

- Protein 4 g (4%)
- Fett 14 g (12%)
- Kohlenhydrate 1 g (1%)
- zugesetzter Zucker 0 g (0%)
- Faser 0,4 g (1%)

Zutaten für 4 Portionen

- 8 th Zucchiniblüten
- 2 sonnengetrocknete Tomaten
- 3 Stiele Oregano
- 1 Limette
- 4 EL Olivenöl
- 50 g Pecorino
- Salz-
- Pfeffer

Vorbereitung

Küchengeräte

1 kleine Schüssel, 1 Arbeitsbrett, 1 kleines Messer, 1 Esslöffel, 1 Schäler, 1 Spatel, 1 Grillpfanne, 1 Zitronenpresse

Vorbereitungsschritte

1.   Entfernen Sie die spitzen äußeren Kelchblätter um die Basis des Stiels.

2.   Öffnen Sie vorsichtig die Blumen, entfernen Sie die Stempel und schneiden Sie dann die unteren Enden der Blumen ab.

3.   Die getrockneten Tomaten fein hacken. Oregano waschen, trocken schütteln, Blätter zupfen, fein hacken und mit dem gepressten Limettensaft in eine Schüssel geben.

4.   Olivenöl einrühren.

5.   Den Pecorino-Käse mit dem Schäler fein schneiden.

6.   Erhitzen Sie eine Grillpfanne oder einen Grill. Die Blumen darin bei mittlerer Hitze 4–5 Minuten grillen, dann auf einen Teller legen, mit Salz und Pfeffer würzen und sofort mit der Marinade beträufeln. Gießen Sie Käse darüber und lassen Sie es 15 Minuten ziehen.

Kartoffelpüree mit Spitzkohl und Meerrettich

Vorbereitung:

45 min

Kalorien:

257 kcal

Ernährungswerte

1 Portion enthält

(Anteil des Tagesbedarfs in Prozent)

- Kalorien 257 kcal (12%)
- Protein 10 g (10%)
- Fett 6 g (5%)
- Kohlenhydrate 36 g (24%)
- zugesetzter Zucker 0 g (0%)
- Faser 9,5 g (32%)

Zutaten für 2 Portionen

- 500 g Mehlkartoffeln
- Salz-
- 300 g kleiner spitzer Kohl (0,5 kleiner spitzer Kohl)
- 2 kleine Zwiebeln
- 2 EL Rapsöl
- 100 ml Milch (1,5% Fett)
- Pfeffer
- 1 Stück
- Meerrettich (ca. 3 cm lang)

Vorbereitung

Küchengeräte

2 Töpfe, 1 Schüssel, 1 Messbecher, 1 Arbeitsbrett, 1 großes Messer, 1 kleines Messer, 1 Esslöffel, 1 Holzlöffel, 1 Schäler, 1 feine Reibe, 1 Sieb, 1 Kartoffelstampfer, 1 Deckel

Vorbereitungsschritte

1.   Kartoffeln waschen, schälen und würfeln. In Salzwasser zum Kochen bringen und abgedeckt 20 Minuten kochen lassen.
2.   Während die Kartoffeln kochen, reinigen Sie den spitzen Kohl, entfernen Sie den Stiel bei Bedarf keilförmig und schneiden Sie den Kohl in sehr feine Streifen über die Blattadern.
3.   Zwiebeln schälen und fein würfeln.
4.   Öl in einer Pfanne erhitzen. Fügen Sie Zwiebelwürfel hinzu und braten Sie sie 2 Minuten lang bei mittlerer Hitze an, bis sie durchscheinend sind. Den Spitzkohl dazugeben und unter Rühren 3 Minuten kochen lassen.
5.   Milch einfüllen und einmal zum Kochen bringen. Mit Salz und Pfeffer würzen.
6.   Die Kartoffeln abtropfen lassen und kurz verdunsten lassen. Die Kartoffeln mit einem Kartoffelstampfer grob zerdrücken.
7.   Die Kartoffeln zum Spitzkohl geben und untermischen.
8.   Meerrettich schälen, fein reiben und mit den Kartoffelpürees mischen. Alles mit Salz und Pfeffer würzen und sofort servieren.

Keto-Schüssel mit Konjak- Nudeln und Erdnusssauce

Vorbereitung:

30 Minuten

fertig in 50 min

Kalorien:

621 kcal

Ernährungswerte

1 Portion enthält

(Anteil des Tagesbedarfs in Prozent)

- Kalorien 621 kcal (30%)
- Protein 42 g (43%)
- Fett 44 g (38%)

- Kohlenhydrate 10 g (7%)
- zugesetzter Zucker 0 g (0%)
- Faser 13 g (43%)

Zutaten für 2 Portionen

- 300 g Tofu
- 1 Knoblauchzehe
- 20 th Ingwer
- 35 ml Sojasauce
- 10 ml Reisessig
- 1 Schalotte
- 200 g Pilze
- 200 g Brokkoli
- 3 EL Sesamöl
- Salz-
- Pfeffer aus der Mühle
- 50 g Erdnussbutter
- 50 ml Kokosmilch
- 400 g Konjac Nudeln
- 1 TL schwarzer Sesam

P Wiedergutmachung

Küchengeräte

1 Messer, 1 beschichtete Pfanne, 1 Topf

Vorbereitungsschritte

1.   Den Tofu in 8 Scheiben schneiden. Knoblauch und Ingwer schälen und sehr fein schneiden. Mischen Sie Knoblauch, Ingwer, 30 ml Sojasauce und Reisessig. Den Tofu damit marinieren und 20 Minuten ziehen lassen.

2.   In der Zwischenzeit die Schalotte schälen und in kleine Stücke schneiden. Pilze putzen. Brokkoli waschen und in Röschen schneiden. 1 Esslöffel Öl in einer Pfanne erhitzen und Schalotte und Pilze bei mittlerer Hitze 5–8 Minuten braten. Mit Salz und Pfeffer würzen. Den Brokkoli 3 Minuten in kochendem Salzwasser kochen. Herausnehmen und abtropfen lassen.

3.   Für die Erdnusssauce Erdnussbutter und Kokosmilch in einen Topf geben und erhitzen. Mit Cayennepfeffer und dem Rest der Sojasauce würzen.

4.   Nehmen Sie die Pilze aus der Pfanne. Den Rest des Öls in der Pfanne erhitzen und den Tofu auf beiden Seiten 4 Minuten bei mittlerer Hitze braten.

5.   Spülen Sie Konjak Spaghetti gründlich und kochen in kochendem Salzwasser für 2 Minuten. Abgießen. Die Pilzmischung mit Brokkoli, Konjak- Spaghetti und Tofu servieren . Mit der Erdnusssauce beträufeln. Servieren Sie die mit Sesam bestreute Keto- Schüssel.

Keto- Lasagne

Vorbereitung:

30 Minuten

fertig in 55 min

Kalorien:

541 kcal

Ernährungswerte

1 Portion enthält

(Anteil des Tagesbedarfs in Prozent)

- Kalorien 541 kcal (26%)
- Protein 35 g (36%)
- Fett 40 g (34%)
- Kohlenhydrate 9 g (6%)
- zugesetzter Zucker 0 g (0%)
- Faser 119 g (397%)

Zutaten für 4 Portionen

- 150 g Sojakoteletts
- 300 g Spinat
- 1 Schalotte
- 2 EL Olivenöl
- 1 EL Tomatenmark
- 200 ml Gemüsebrühe
- Salz-
- Pfeffer
- 5 g Hefeflocken
- 200 g Schlagsahne
- 100 g saure Sahne
- 1 Prise Muskatnuss
- 1 TL Guar Gum
- 400 g Zucchini
- 150 g Mozzarella

Vorbereitung

Küchengeräte

1 Schüssel, 1 beschichtete Pfanne, 1 kleines Sieb, 1 Schäler

Vorbereitungsschritte

1. Das Soja gemäß den Anweisungen auf der Verpackung 10 bis 15 Minuten in heißem Wasser einweichen und dann die restliche Flüssigkeit abschütten. Den Spinat reinigen und waschen und trocken schleudern. Schalotten schälen und fein hacken.

2. Das Olivenöl in einer großen Pfanne erhitzen, die Schalotte und das Soja bei mittlerer Hitze etwa 5 bis 7 Minuten darin braten, die Tomatenmark hinzufügen und kurz braten, dann den Spinat hinzufügen, mit der Gemüsebrühe ablöschen, zum Kochen bringen und Mit Salz, Pfeffer und Hefeflocken würzen.

3. Die Schlagsahne mit Sauerrahm, Salz, Pfeffer und Muskatnuss mischen. Guar Gum durch ein Sieb geben und allmählich einrühren, bis es eine leicht viskose Konsistenz hat.

4. Reinigen und waschen Sie die Zucchini und schneiden Sie sie der Länge nach in dünne Scheiben. Der einfachste Weg, dies zu tun, ist mit einem Gemüseschäler. Den Mozzarella abtropfen lassen und in kleine Würfel schneiden.

5. Alternate in einer Auflaufform, Schicht Soja Spinat mit cremiger Sahne und Zucchini Platten wie ein klassisches Lasagne , oben mit cremiger Sahne bestreichen und mit Mozzarella für etwa 25 Minuten in einem vorgeheizten Ofen bei 180 ° C (Umluft 160 ° C, Gas: Stufe 2 -3) backen, für die letzten 3 Minuten auf die Grillfunktion des Ofens umschalten.

FAZIT

Glutenfreies Essen schadet Erwachsenen nicht, aber unter dem Strich macht es als Schlankheitsdiät wenig Sinn. Geeignet für: Menschen mit Zöliakie oder in Absprache mit einem Arzt. Wenn Sie abnehmen möchten, sollten Sie sich auf die gesamte Ernährung konzentrieren und nicht auf einen einzelnen Wirkstoff.

Eine glutenfreie Ernährung ist derzeit die einzige Therapie, die Menschen mit Zöliakie eine optimale Gesundheit garantiert. Die Lösung für Zöliakie besteht darin, alle Lebensmittel, die aus glutenhaltigen Körnern hergestellt werden oder Gluten enthalten, dauerhaft zu meiden. Selbst kleinste Spuren von Gluten können histologische Schäden verursachen. Daher ist besondere Vorsicht geboten. Menschen mit Zöliakie müssen daher besonders auf die Auswahl ihrer Lebensmittel achten.

1

CPSIA information can be obtained
at www.ICGtesting.com
Printed in the USA
BVHW052032130421
604817BV00009B/593